AF282253

Bibliografische Information der Deutschen Nationalbibliothek: Die Deutsche Nationalbibliothek verzeichnet diese Publikation in der Deutschen Nationalbibliografie; detaillierte bibliografische Daten sind im Internet über dnb.dnb.de abrufbar

Verlag: BoD · Books on Demand GmbH, In de Tarpen 42, 22848 Norderstedt, bod@bod.de
Druck: Libri Plureos GmbH, Friedensallee 273, 22763 Hamburg

2. Auflage, korrigiert und überarbeitet.
Die Rechte des Titelbilds zum Einband liegen bei CCS new media (Europe)

ISBN: 978-3-7693-7776-7

Mein Dank gilt „ccs new media" für diverse Anregungen, für die spontane Bereitschaft das Cover und das Layout zu gestalten!

Freiheit – ein fragiles „Kulturideal"

Ein Essay über Wilhelm Röpke

VON *HUBERT MILZ*

„Das Maß der Wirtschaft ist der Mensch. Das Maß des
Menschen ist sein Verhältnis zu Gott."

(Aus Martin Hochs Laudatio zu Wilhelm Röpke)

Inhaltsverzeichnis

Biographische Splitter … 5

Im Zeitgeist der Weimarer Republik … 7
    Politische Ökonomie … 7
    Der Ungeist der Zeit … 8

Eine kulturelle Sicht auf Wirtschaft, Politik und Gesellschaft … 16
    Freiheit als Prinzip … 16
    Ortsbestimmung … 18
    „Freiheit von etwas" und die Folgen … 20
    Die Chancen der „Freiheit zu etwas" … 22

Nach dem II. Weltkrieg … 28
    Die deutsche Nachkriegsordnung … 28
    Die Europäische Integration … 31
    „Bildungsjakobinismus" … 35
    Die heutige Arena eines Wilhelm Röpkes? … 38

Schlussbemerkungen … 46

Anmerkungen / Kommentare   48

  Zu: Biographische Splitter   48

  Zu: Im Zeitgeist der Weimarer Republik   51

    Zu: Politische Ökonomie   51

    Zu: Der Ungeist der Zeit   52

  Zu: Eine kulturelle Sicht auf Wirtschaft,

    Politik und Gesellschaft   75

    Zu: Freiheit als Prinzip   75

    Zu: Ortsbestimmung   85

    Zu: „Freiheit von etwas" und die Folgen   87

    Zu: Die Chancen der „Freiheit zu etwas"   103

  Zu: Nach dem II. Weltkrieg   135

    Zu: Die deutsche Nachkriegsordnung   135

    Zu: Die Europäische Integration   144

    Zu: Bildungsjakobinismus"   157

    Zu: Die heutige Arena eines Wilhelm Röpke?   172

  Zu: Schlussbemerkungen   194

Im Text und in den Anmerkungen / Kommentaren
genanntes Schrifttum   195

Biographische Splitter[1]

Wilhelm Röpke wurde 1899 in Schwarmstedt geboren und starb 1966 in Genf. Ab dem Sommersemester 1917 studierte er in Göttingen Staats- und Rechtswissenschaften. Das Studium wurde durch den Kriegsdienst im I. Weltkrieg, zu dem er im Herbst 1917 eingezogen wurde, unterbrochen. Nach Kriegsende setzte Röpke das Studium in Tübingen und Marburg fort, promovierte 1921 in Marburg, wo er sich auch 1922 für die „Politische Ökonomie" habilitierte.

1924 wurde Röpke Professor für Politische Ökonomie in Jena, wechselte 1928 nach Graz, um dann schon 1929 einem Ruf nach Marburg – seiner alten Alma Mater – zu folgen.

Mit Beginn der „Hitler-Barbarei" wurde Röpke von den „braunen Sozialisten" entlassen und emigrierte, zunächst wurde er nach Istanbul auf eine Professur berufen, 1937 wechselte er nach Genf ans „Institut universitaire de hautes études internationales".

Nach 1945 verblieb Röpke in Genf, nahm jedoch von dort aus großen Anteil an der Gestaltung der Nachkriegsordnung seiner alten Heimat. Er setzte daher seine vielfältigen, in der Emigration aufgebauten

Beziehungen und sein ganzes internationales Ansehen ein, um in Deutschland die Grundlagen für eine gute Gesellschaft freier Menschen zu legen.[2]

Im Zeitgeist der Weimarer Republik

Politische Ökonomie

In der Weimarer Republik wurde die Volkswirtschaftslehre dominiert von den Vertretern der „jüngeren Historischen Schule der Nationalökonomie". Diese Schule stand der „ökonomischen Theorie" weitgehend ablehnend gegenüber; ihr Anspruch war die „Wirtschaftsgesellschaft" anhand historischer Entwicklungsgesetze erklären zu wollen.

Wilhelm Röpke hingegen war damals in den 1920er Jahren einer der wenigen Ökonomen im Deutschen Reich, die sich ernsthaft für die ökonomische Theorie interessierten[3]. Dieses kleine Häuflein theoretisch interessierter Ökonomen wurde durch Alexander Rüstow als Gesprächszirkel unter dem Label „Ricardianer" organisiert[4] und wirkte, da die Gruppe darauf zielte, die deutschsprachige Volkswirtschaftslehre theoretisch auszurichten, im von der „Historischen Schule" dominierten „Verein für Socialpolitik"[5] damals doch mehr oder weniger wie ein Fremdkörper.

Röpke war schon in jenen Tagen, auch wenn die Zeit der Weimarer Republik die Jahre seines Reifens gewesen sind, ein politischer Ökonom im besten Sinne des Wortes. Wirtschaftstheorie und Wirtschaftspolitik haben nach Röpke dem Menschen zu dienen; Ökonomie ist nicht Selbstzweck, sondern eingebunden in das gesamte kulturelle Umfeld des Menschen. Auch Röpkes Veröffentlichungen aus jenen Tagen zeigen, dass das kulturelle Erbe des Abendlandes die Grundlage ist, an welcher Röpke festhielt und gerade auch als Ökonom unbeirrbar seine Arbeit ausrichtete.[6]

Der Ungeist der Zeit

Die Weimarer Republik stand von Beginn an unter einem schlechten und unglücklichen Stern. Sie war für viele das ungeliebte Kind des verlorenen I. Weltkriegs. Weite Teile des Bildungsbürgertums mochten die Republik nicht. Viele aus diesen Schichten fühlten sich weiterhin verbunden mit der wilhelminischen Epoche, in welcher sie sozialisiert worden waren und der sie ihre Karrieren verdankten[7]. Etliche von ihnen wurden zumindest zu engagierten „Vernunftrepublikanern", deren Herz jedoch weiter an der Monarchie hing.[8]

Der ins Berufsleben tretende Nachwuchs und die heranwachsende Jugend der bürgerlichen Schichten sahen für sich in der Weimarer Republik nicht viele und dabei kaum gute Perspektiven. Folglich waren gerade Nachwuchs und Jugend empfänglich für eine radikale Propaganda[9], die ihnen eine glänzende Zukunft versprach. Zudem stand die Weimarer Republik von Beginn an unter dem Beschuss der „roten" und „braunen" Totalitaristen[10]. Der Boden war bereitet, für das, was der Historiker Johann Gustav Droysen als nationalistisch eingestellter Deputierter der Frankfurter Nationalversammlung aussprach: „Was schert mich dann die schmutzige Nachgeburt"[11]. In den verschiedenen Regionen der Weimarer Republik traten alldeutsche, teutonische, altdeutsche und nationalistische Schwärmer auf, die mit geradezu messianischem Wahn von einem die Welt erlösenden, deutschen Imperium träumten und trommelten; die Bewegungen, die unter dem Sammelbegriff „konservative Revolution in Deutschland"[12] gelistet sind, formierten sich damals. Die warnende Mahnung des Wiener Schriftstellers Franz Grillparzer (1791-1872) „Humanität – Nationalität – Bestialität"[13] war längst vergessen, Droysens „schmutzige Nachgeburt" wurde im „verdammten 20. Jahrhundert"[14] leider zur Realität.

„Konservative Revolutionäre", „braune" und „rote" Totalitaristen bekämpften sich gegenseitig und auch untereinander bis aufs Messer. Nichtsdestotrotz gab es viele Schnittmengen bei diesen Feinden der Weimarer Republik. Gemeinsam war allen die Verachtung des „Parteiengezänks" des demokratischen Systems, der pluralistischen Gesellschaft, der Rechte des Individuums und sie waren oftmals entschieden antidemokratisch, antimodernistisch und antiliberal – lehnten daher auch die Marktwirtschaft ab, stattdessen finden sich in jenen Gruppen alle Facetten der etatistischen Kommandowirtschaft; speziell verabscheute der Großteil der „konservativen Revolutionäre" all das, was „angelsächsisch" schmeckte[15]. Im Grunde verachteten jene Gruppen die organisch gewachsenen Strukturen und die tradierten Werte, die maßgebend für die Entwicklung und Entstehung dessen waren, was den europäischen Weg erfolgreich machte und gemeinhin „christliches Abendland" genannt wird. Selbst dort, wo die verschiedenen Ideologien sich auf den ersten Blick ausschließen, scheint dies oft nur so, z. B. lassen sich die – je nach Bewegung – überhöhten Begriffe „Klasse", „Rasse", „Sprache", „Volk" oder „Nation" mehr oder weniger problemlos austauschen. Weiterhin finden sich reichlich Überlappungen in vielen

Positionen, die sich bündeln lassen unter Begriffen wie: Hang zum Kolossalen, Gigantonismus", Organisation, Konstruktivismus, Zentrismus, Primat der Politik über allem und jedem und etliche andere Punkte mehr.[16]

Mohler unterteilte die „konservative Revolution in Deutschland" in fünf Hauptgruppen: „National-revolutionäre, Jungkonservative, Völkische, Bündische und Landvolkbewegung"[17]. Diese „konservativen Revolutionäre" waren – trotz des Attributs „konservativ" – keineswegs Konservative im Sinne des traditionellen Verständnisses. Der Strukturkonservatismus der „konservativen Revolutionäre" war nur ein bloßes Schlagwort für den politischen Kulturkampf. Arthur Moeller van den Bruck, einer der bekanntesten und einflussreichsten Figuren der „konservativen Revolution", sprach dies im Grunde auch ganz offen aus. Für ihn waren die „konservativen Revolutionäre" Erhalter und Empörer zugleich, die das, was es zu erhalten galt, erst einmal neu zu schaffen haben.[18]

Ebenso war das Christentum für die „konservativen Revolutionäre" nur ein Instrument des politischen Kulturkampfes, unbeschadet dessen, dass einige bekannte Theologen, die den „Jungkonservativen" zugeordnet werden oder zumindest diesen als nahestehend gelten, sich als überzeugte, praktizierende Christen verstanden[19]. Auch für die „Jungkonservativen" stand das Kollektiv an erster Stelle – und im Dienste oder zum Nutzen des Kollektivs war das Individuum ein „NICHTS"[20]. Dies steht im krassen Gegensatz zur christlichen Lehre vom Wert und von der Würde des einzelnen Menschen.[21]

Dieser Vielzahl an freiheits-, kultur-, zivilisations- und menschenfeindlichen Strömungen hatten eigentlich jeden Gegner dieser Bewegungen, also tatsächliche Konservative und Liberale[22], dazu zu drängen Flagge zu zeigen, um diesem Ungeist zu widerstehen, zu widersprechen und zu bekämpfen. Vielen fehlte der Mut und die Zivilcourage, um sich den Illusionen des Ungeists zu widersetzen; andere schwiegen aus Opportunismus. Die eigene Karriere war wichtiger als für Prinzipien und Überzeugungen offensiv einzutreten.

Wilhelm Röpke war gänzlich anders, er hatte ein kämpferisches Naturell[23] und stellte sich dem Kampf mit dem Ungeist der Zeit! Denn Röpkes Weltanschauung verneinte alles das, was die „konservativen Revolutionäre", die „braunen" und „roten" Totalitaristen anstrebten – er war Anti-

Kommunist, Anti-Nazi, Anti-Nationalist, Anti-Imperialist, Anti-Militarist und auch anti-konservativer Revolutionär[24]. Seine politische Ökonomie ruhte auf dem „Kulturideal des Liberalismus"[25]. Liberalismus war für ihn mehr als nur angewandte Ökonomie, wie dies oft bei Wirtschaftsliberalen der Fall war und ist. Röpke war kein Nur-Ökonom, vielmehr war sein ökonomisches Weltbild eingebettet in eine komplette Sozialphilosophie.[26]

Röpke nutzte für seinen publizistischen Kampf gegen den Ungeist der Zeit Presseorgane wie die „Frankfurter Zeitung"[27]. In solch renommierten Zeitungen focht Röpke gegen die „konservativen Revolutionäre", gegen die „braunen" und gegen die „roten" Totalitaristen.[28]

Mittels einer Artikelreihe in der „Frankfurter Zeitung" kreuzte Röpke unter dem Pseudonym „Ulrich Unfried"[29] mit dem „Jungkonservativen" Ferdinand Fried[30] publizistisch die Klingen. Röpke feuerte dabei eine ganze Serie von Breitseiten gegen die „konservative Revolution" ab[31]. Ferdinand Fried war in der einflussreichen Monatsschrift „Tat" ein Sprachrohr der „Jungkonservativen" – deshalb wird die Gruppe um Fried auch als „Tat-Kreis" bezeichnet.

Röpkes Publikationen gegen die „braunen" Totalitaristen gleichen wahren Kriegserklärungen, so richtete er z. B. im September 1930 – wenige Tage vor den anstehenden Wahlen – einen flammenden Aufruf gegen die „braunen" Totalitaristen an das niedersächsische Landvolk.[32]

Und im Dezember 1932 z. B. ergriff Röpke auf der ersten Seite der „Vossischen Zeitung" Partei für den Rechtsprofessor Joseph Cohn. Röpke brandmarkte das Einknicken der Professoren und der Leitung der Breslauer Universität vor den randalierenden, intoleranten braunen Studentenhorden[33]:

> *„Die durch Intoleranz aufs Äußerste bedrohte Lehr- und Geistesfreiheit muss bis zum Letzten verteidigt werden. Intoleranz der Professoren selbst ist Verrat an der Idee der Universität."*

Auch nach der „Machtübernahme" zeigte Röpke persönlichen Mut und nahm kein Blatt vor den Mund. So hielt er am 08.02.1933 in Frankfurt den Vortrag „Epochenwende?"[34], den die neuen Machthaber nur als Kampfansage werten konnten. Diese Kampfansage erneuerte er am 27.02.1933 mit der Grabrede für seinen verstorbenen akademischen Lehrer Walter Troeltsch[35].

Der Vortrag und die Grabrede waren eine grandiose Anklage Röpkes wider das neue Barbarentum. Er führte aus, dass der über viele Jahrhunderte gewachsene und gepflegte Garten der abendländischen Kultur zerstört werde, um die Urwälder Germaniens wieder aufzuforsten. Er klagte auch die geistigen Brandstifter an, welche diesen Rückfall in die Barbarei, diesen nihilistischen Barbarismus intellektuell vorbereitet hatten – zu diesen Brandstiftern zählten für ihn eindeutig die Protagonisten der „konservativen Revolution". Kurz nach der Grabrede, die eine regelrechte politische Provokation für die neuen Machthaber war, reagierten diese: Röpke wurde aus politischen Gründen seines Amtes als Professor enthoben, der Gang ins Exil folgte, Röpke verließ Deutschland.[36]

Eine kulturelle Sicht auf Wirtschaft, Politik und Gesellschaft

Freiheit als Prinzip

Trotz dessen, dass die Zeit der Weimarer Republik für Röpke Jahre des Reifens waren, wird der Rohbau des weltanschaulichen Denkens und Handelns Röpkes damals durchaus ziemlich zügig fertiggestellt[37]. Diesen Rohbau wird er im Exil zum fertigen Haus vollenden.

Entscheidend für Röpkes Entwicklung waren die Kriegserfahrungen im I. Weltkrieg. Diese Erfahrungen und die daraus resultierenden Überlegungen wurden von ihm sehr eindringlich im I. Kapitel von „Internationale Ordnung – heute" geschildert[38]. Der I. Weltkrieg mit seinen Folgen war für ihn und viele seiner Altersgenossen die totale Bankrotterklärung des Wilhelminismus; die Eliten und Führer in Politik, Wirtschaft und Gesellschaft hatten auf der ganzen Linie versagt. So war es natürlich, dass Röpke den wilhelminischen Wirtschaftsetatismus der Kriegsjahre mit Kapitalismus und Marktwirtschaft identifizierte und ebenfalls verwarf. Derart hätte er auch ins sozialistische Fahrwasser driften können. Doch er erkannte, dass das Preußentum – der preußische Staat als Maschine, die preußische Staatswirtschaft – im Grunde eine Spielart des Kollektivismus ist[39]; folglich trug gerade das kollektivistisch ausgerichtete preußische System einen Großteil der Schuld des Zusammenbruchs und der Krise[40]. Durch diese Erkenntnis wurde Röpke zu einem konsequenten, aber auch eigenwilligen Kämpfer für die Ideen der Freiheit, in dem Sinne, wie er diese interpretierte und für gut empfand. Dass die Freiheit dabei für ihn nicht bloß einen Zweck darstellte, sondern als unumstößliches Prinzip galt, dies zeigt folgende Bemerkung Röpkes[41]:

> *„Die Freiheit ist ein so kostbarer Wert, daß wir bereit sein sollten, ihr alles zu opfern, möglicherweise auch Wohlstand und Überfluß, wenn die wirtschaftliche Freiheit uns dazu zwingen sollte. Zu unserem unverdienten Glück steht es jedoch so, daß die auf der Freiheit beruhende Wirtschaftsordnung, die wir für die allgemeine Freiheit nicht entbehren können, gleichzeitig von einer unvergleichlichen materiellen Überlegenheit über die auf Zwang beruhende Wirtschaftsordnung ist."*

Ein „Vernunftsrepublikaner" – wie z. B. der in Anmerkung 8 erwähnte Friedrich Meinecke – war Röpke nicht, sondern ein leidenschaftlicher Verteidiger der Republik. Deswegen sind seine Publikationen in diesem Rahmen auch viel emotionaler als diejenigen Meineckes. Röpke focht als Liberaler mit Herzblut für eine „res publica" im Sinne einer guten Gesellschaft freier Menschen.

Röpkes institutioneller, ökonomischer Rahmen ist eingebettet in für ihn nicht verhandelbare tradierte Werte der abendländisch-christlichen Kultur[42]. Erodieren diese Werte, erodiert auch das Gemeinwesen[43]. Röpke hatte klare Vorstellungen bezüglich eines Regelwerks für die Ordnung einer freien Gesellschaft. Eines Regelwerks, welches auf bewährten, tradierten Werten ruhte, jedoch offen war für evolutionäre Prozesse, die das Regelwerk einer freien Gesellschaft verbessern[44]. Er diskutierte in diesem Rahmen die Institutionen und das menschliche Verhalten[45] völlig normativ, für ihn war die Ökonomie auch immer eine Moralwissenschaft.[46]

Ortsbestimmung

„Wo stehen wir? Woher kommen wir? Wohin treiben wir? Was sind wir? Wohin wollen, und noch viel mehr, wohin sollen wir?" Diese Fragen stellte Röpke gleich zu

Beginn seiner Trilogie[47] – und anhand dieser Fragen fächerte er seine Untersuchungen und Vorstellungen auf.

Die Verortung dessen, wo Europa damals stand, entwickelte Röpke konsequent aus den verschiedenen Strängen der europäischen Geschichte, insbesondere der Geistesgeschichte. Auch wenn es in der Antike den Begriff „Liberalismus" nicht gab, das „Kulturideal des Liberalismus" liegt für Röpke in den kulturellen Leistungen der Antike begründet. Die Kultur der Antike versank durch Verfall und Untergang des Weströmischen Reiches, Europa fiel dadurch für Jahrhunderte der Barbarei anheim. Erst allmählich, nämlich durch die Christianisierung Europas, wurde das Barbarentum Zug um Zug zurückgedrängt, so dass besonders im Hochmittelalter die christlichen Denker das kulturelle Erbe der Antike wiederbelebten. Im lateinischen Mittelalter wurden die Grundlagen gelegt für das Programm der Renaissance – und ohne die Renaissance keine Epoche der Aufklärung.[48]

Die Geschichte – vorzugsweise die Geistesgeschichte – des 18. und 19. Jahrhunderts untersuchte Röpke akribisch[49]. Er identifizierte zwei Grundlinien der europäischen Aufklärung, die für die europäische

Entwicklung bedeutend waren. Ein Reis ordnete Röpke der schottischen Aufklärung der „Old Whigs" zu, welche die „Freiheit zu etwas" als Ziel anvisierte. Den zweiten Trieb zeichnete Röpke als kontinentaleuropäische Aufklärung, deren Forderungen nach „Freiheit von etwas" die wesentlichen Treiber für die französische Revolution und deren Nachbeben ausmachten.[50]

„Freiheit von etwas" und die Folgen

Die „falsch gestellten Weichen"[51] als Folge der Ideen der „Freiheit von etwas" wurden – methodisch „ex negativo"[52] – anhand der zunächst nur intellektuellen Bewegungen aufgefächert, welche durch die französische Revolution enorme praktische Schubkraft bekamen[53]. Eine ganze Reihe von Fehlleistungen erklärten sich für Röpke aus den Forderungen der „Freiheit von etwas".[54]

Derartige Fehlleistungen sind gemäß Röpke: Die Verwechslung von Freiheit mit einem bedingungslosen Relativismus, der zu bloßem Materialismus – Anhäufung des Reichtums nur des Geldes wegen –, leerem Konsumwahn und einem falschen, nämlich einem vermassten und verproletarisierten, Individualismus[55] innerhalb der Riesenstädte führt. Demzufolge werden echte menschliche Gemeinschaften – z. B. die Familien[56] – zersetzt und die tatsächlichen Gemeinwesen atomisiert. Daraus resultiert eine Entwurzelung der Menschen und eine Entfremdung mit der Natur[57]. Horizontale Gliederungen der Gesellschaft verdrängen in der Folge die organisch gewachsenen vertikalen Strukturen, alles soll gleich und dasselbe sein. An die Stelle pulsierender Vielfalt tritt langweilige Einfalt.

Dies mündet schließlich in eine uferlose Selbstvergottung des Menschen, der sich nun anmaßend anschickt Herr der Welt zu sein[58]. Dieser Mensch glaubt, dass alles machbar ist! Staat und Gesellschaft als Maschine, die den Menschen nur nach Nützlichkeiten sortiert, unnütze Menschen werden dann zur Last[59]. Die dem Szientismus[60] verfallenen (Schein)Gelehrten und (Schein)Intellektuellen liefern die entsprechenden Expertisen und Gutachten für angebliche Sachzwänge.

Es folgt der politische, wirtschaftliche und geistige Zentralismus und die Bürokratisierung von Staat, Wirtschaft und Gesellschaft, mit dem Hang, das äußerlich Kolossale und Gigantische nur wegen seiner Größe zu vergötzen[61]. Die Heroisierung jener Mammutgebilde der staatlichen, politischen und wirtschaftlichen Organisationen bewirkt ein sinnentleertes Streben nach Wachstum und äußerlicher Größe als Selbstzweck[62]. Der Hang zum Kolossalen verdrängt den gesunden Patriotismus durch einen übersteigerten, vulgären Nationalismus, oft gepaart mit einem unappetitlichen Militarismus. Der sich öffnende Weg in den Kollektivismus[63], verkörpert durch Protektionismus[64], Wohlfahrtsstaat[65], Sozialismus[66], Faschismus[67] und Kommunismus[68], scheint fast zwangsweise vorgezeichnet.

In diesen falschen Weichenstellungen, resultierend aus der in der Literatur des 19. Jahrhunderts von oftmals blasierten Intellektuellen[69] gepflegten „fortschrittlichen" Ideen, lagen für Röpke die Wurzeln für alle Ungeheuerlichkeiten, alle Verwerfungen und alle Grausamkeiten, die das „verdammte 20. Jahrhundert" auszeichnen und zu einem der mörderischsten und zerstörerischsten Jahrhunderte der Geschichte verkommen ließ.

Die Chancen der „Freiheit zu etwas"

Röpkes „Kulturideal des Liberalismus" speist sich unter anderem aus dem Strang der schottischen Aufklärer der „Old Whigs"[70] und damit der „Freiheit zu etwas". Dies hieß für ihn frei zu sein, um mitzuwirken, eine gute Gesellschaft für freie Menschen zu schaffen – und eine solche Gesellschaft kann wirkmächtig sein, wenn die Grundlage „ein Liberalismus von unten"[71] ist.

Die Stärkung, bzw. Revitalisierung der echten Gemeinschaften, die verbunden sind mit Heimatgefühl, einfacher Lebensfreude, Familiensinn und so fort, sah Röpke als Eckpfeiler seines Ideals[72]. Deswegen hieß dies für ihn, dass soweit wie möglich eine natürlich gegliederte Ordnung nach dem Bild des Menschen wiederherzustellen ist, damit die Wiederbelebung der Ideen der Freiheit nicht einfach am Liberalismus des 19. Jahrhunderts anschließt, sondern vielmehr dessen Fehler vermeidet und aus dessen Schwächen lernt[73]. Ein gereinigter und gestärkter Liberalismus sollte es nach Röpke sein, dessen Vertreter und Befürworter sich stets klar sein müssen, dass die Freiheit ein zerbrechliches Gut ist. Die Freunde dieses fragilen Freiheitsideals haben seine Grenzen zu kennen, der Rechts-, Sozial- und Wirtschaftsrahmen solle konkret abgegrenzt sein und die Spielregeln haben klar, fair und für alle gleich zu sein.[74]

Eine natürliche Ordnung nach dem Bild des Menschen hieß demnach für Röpke, dass Gesellschaft, Politik und

Wirtschaft hauptsächlich durch dezentrale, kleine, mittlere, lokale, kommunale und übersichtliche Strukturen gekennzeichnet sind. Aus der Verankerung in echten, standfesten Gemeinschaften – beginnend mit der Familie – sprieße ein natürliches Lebensgefühl: Nachbarschaftshilfe und tatsächliche Verbundenheit der Menschen untereinander sind dann keine leeren Phrasen. Mit anderen Worten, Solidarität und Subsidiarität würden gelebt[75], so dass alle Probleme, die auf den unteren Ebenen einer großen, offenen Gesellschaft, nämlich beginnend bei den Familien und den lokalen, kommunalen Einheiten, gelöst werden können, dort auch gelöst werden sollen. Dort werden diese Probleme besser angepackt werden, als dies eine überbürokratisierte, ferne, staatliche Zentralbehörde jemals kann, die sich zwar anmaßt alles besser zu wissen, es jedoch regelmäßig schlechter macht und schlechter machen wird – zum Schaden der Menschen und der echten Gemeinschaften.[76]

Röpke schwebte als idealer Zustand ein starkes Klein- und Mittelgewerbe vor, eine Vielzahl von Betrieben, die untereinander im Wettbewerb stehen und deren Macht und Einfluss weitgehend dezentralisiert ist[77]. Der Irrtum eines Großen, sei es als Leiter einer Mammutbehörde einer Regierung oder als Vorstand eines Riesenkonzerns, hat ungleich schwerere Folgen als eine Fehlentscheidung eines Kleinen. Ein Großer kann ein ganzes Gemeinwesen in den Abgrund treiben, der Fehler des Kleinen lässt sich begrenzen und abmildern.[78]

Genau wie Franz Böhm sah Röpke im Wettbewerb das „genialste Entmachtungsinstrument der Geschichte"[79]. Daher ist es nicht verwunderlich, dass es ebenfalls Röpke darum ging, den aus Kaiserreich und Weimarer Republik überkommenen Monopolen, Kartellen[80] und Mammutkonzernen den staatlichen Schutz zu entziehen. Sobald der Staatsschutz für solche ökonomischen Mammutgebilde entfällt, können sich das selbständige Handwerk und das Klein- und Mittelgewerbe gestärkt und selbstbewusst einem fairen Wettbewerb stellen[81]; mit dem für Röpke wichtigen Nebeneffekt, dass dadurch in der Folge auch eine Proletarisierung der Massen einzudämmen, vielleicht sogar umzukehren möglich sei. Weiter plädierte und warb Röpke für eine bäuerliche Landwirtschaft, die im ursprünglichen, urwüchsigen Bauerntum verhaftet ist.[82]

Neben einer materiellen – nicht nur formalen – und tatsächlich gelebten Rechtsstaatlichkeit[83] sollten zudem föderative Strukturen und Dezentralisierung des Staates die politische Macht verteilen, begrenzen und einhegen.

Röpke ging davon aus, dass eine Vielzahl an selbständigen Einheiten des Klein- und Mittelgewerbes[84] neben Einkommen auch einen breiten, weit gestreuten Gürtel an Eigentumsbildung bewirkt. Gerade auf eine umfangreiche Eigentumsbildung über alle Bevölkerungsschichten hinweg setzte er große Hoffnungen[85]; denn stolze Eigentümer können, sollen und werden ihrer „Obrigkeit" auf Augenhöhe und nicht als Bittsteller oder Knechte begegnen[86]. Derartiges weit gestreutes Eigentum erzeuge standhafte Existenzen, die es den wohlfahrtsstaatlichen Raubrittern erschweren, vielleicht sogar verunmöglichen, verteilungspolitische Raubzüge durchzuführen[87]. Teilweise Selbstversorgung und eine breite Eigentumsbildung über sozialen Klassen genügen nicht. Das Bild der Sozialpolitik des modernen Wohlfahrtsstaates mit seiner überbordenden Sozialbürokratie des „Fiskalsozialismus", mit einer das Leben und die Eigeninitiative erstickenden Atmosphäre[88], wollte Röpke wenigstens auf das Maß der alten Einrichtungen, die Bismarck einführte, zurückgeschraubt wissen[89]. Doch ganz besonders forderte er eine Eigen- und Gruppenvorsorge, die der „komfortablen Stallfütterung" der Untertanen einen Riegel vorschieben sollte[90]; denn den „sozialen Untertan" gelte es zu verhindern.[91]

Für die Verwirklichung seiner Vorstellungen glaubte Röpke ursprünglich die ordnende Hand des Staates zu benötigen und hatte zunächst auch berechtigte Hoffnung, diese in seinem Sinne nutzbar machen zu können.[92]

Der Röpke der späten Jahre vertraute nicht weiter auf die ordnende Hand des Staates[93], sondern setzte seinen Hoffnungen auf eine „Nobilitas Naturalis"[94]. Dies sollte eine kleine Gruppe, eine tatsächliche Elite von Menschen sein, die im Leben gereift und moralisch absolut integer sind – einfach das Vorbild an und für sich vorleben. Eine natürliche Aristokratie[95], die sich den Verwerfungen und Irrwegen einer rüden Massengesellschaft entgegenstellt und widersetzt, die das „Recht auf Ungleichheit" verteidigt und als Bollwerk gegen den „Egalitarismus" fungiert, die sozusagen das Salz für das Gemeinwesen sein soll und das gute Leben erfolgreich beispielgebend vorleben soll.[96]

Nach dem II. Weltkrieg

Die deutsche Nachkriegsordnung[97]

Im Frühjahr 1945 erschien Röpkes Buch „Die deutsche Frage". Sozusagen im Wettlauf mit den Alliierten warf er sein ganzes im Exil erworbenes Renommee und seine vielfältigen internationalen Beziehungen in die Waagschale, um bei den Westalliierten die Sympathien für eine freiheitliche, rechtsstaatliche und ganz besonders föderalistische Nachkriegsordnung Deutschlands zu wecken[98]. Eine echte föderalistische Neuordnung Deutschlands war für Röpke der Weg, um die Deutschen zu „entpreußen"[99]. Tatsächlicher Föderalismus hieß für ihn, auf den untersten Ebenen des Gemeinwesens anzusetzen, um in den lokalen und kommunalen Einheiten zur Selbstverantwortung zurückzukehren und wieder an die Traditionen der abendländischen Kultur anzuknüpfen. Röpke hoffte auch, dass die regionalen, alten Traditionen der deutschen Stämme, die in der Folge des bismarckchen Einheitsstaats unterdrückt wurden und fortan ein Dasein in der „Hundehütte" führten, revitalisiert wurden[100]. Großpreußen mit seiner total gescheiterten Kollektivmoral, die den hässlichen Einheits- und Bismarckdeutschen schuf[101], sei aufzulösen.

Großpreußens schauriges Finale verdeutliche, dass Kollektivismus die Gemeinschaft vernichtet, während ein wahrer Föderalismus echte Gemeinschaften fördert.[102]

Röpke machte sich über die Absichten Stalins keinerlei Illusionen[103]. Die Aufteilung der Welt nach Kriegsende in zwei Blöcke (Ost- und Westblock) war für Röpke keine Überraschung. Er schrieb, dass die Elbe „zu einem Limes des Abendlands geworden"[104] ist. Daraus folgte zwingend für ihn, dass die westlichen Alliierten in ihrem Einflussbereich westlich der Elbe für eine freiheitliche, föderale und rechtsstaatliche Ordnung sorgen mussten, damit diese Regionen Stalin nicht wie reife Früchte in den Schoß fallen konnten[105]. Röpke warb für seine Ideen und warnte unentwegt vor den Gefahren des Kollektivismus, insbesondere vor dem Stalinismus. In Vorträgen quer durch Westeuropa suchte Röpke davon zu überzeugen, durch welche Motive die Anhänger des Kollektivismus angetrieben wurden[106]. Würde sich der Kollektivismus als Nachkriegsordnung durchsetzen, dann würde, auch wenn Großpreußen aufgelöst und anscheinend der deutsche Föderalismus wiederhergestellt sei, dies alles nur Schein sein. Eine kollektivistische Nachkriegsordnung würde den bismarck-preußischen Kollektivismus einer zentralistischen Staatsbüro-kratie auf Dauer verfestigen und verstetigen.[107]

Nur auf der Grundlage einer marktwirtschaftlichen Ordnung[108] war es für Röpke möglich, eine föderale, gute und freie Gesellschaft aufzubauen, welche auch die Kraft hat, dem zweifachen kollektivistischen Ansturm – einmal aus dem Osten und zweitens, dem aus dem Innern des Westens – zu widerstehen. Marktwirtschaft war mit Blick auf dieses Ziel für Röpke nur eine notwendige, jedoch keine ausreichende Bedingung. Deswegen plädierte Röpke unentwegt und ausdauernd für die Einbettung der marktwirtschaftlichen Ordnung in den übergreifenden Rahmen einer Sozialphilosophie, die an das antike und christliche Erbe des Abendlandes anknüpft.[109]

Der Lösungsvorschlag, den Röpke offerierte, war ganz in diesem Sinn. Ein föderatives, eventuell auch konföderatives Westdeutschland, dass zunächst unter Aufsicht der Westalliierten im Kleinen, also auf den lokalen und kommunalen Ebenen, in die Eigenverantwortung entlassen werden sollte, um dann peu à peu auch auf den höheren Ebenen des Gemeinwesens wieder Eigenverantwortung zu übernehmen und zu lernen habe. Dieses schließlich etablierte Westdeutschland sei in die westliche Staatengemeinschaft einzubinden, damit es seinen Beitrag zum Schutz gegen den weltweiten Führungsanspruch Stalins und zum Aufbau einer freien und guten Gesellschaft zu leisten vermag.[110]

Die Europäische Integration

Für den europäischen Weltbürger Röpke war, nach den zwei verheerenden Selbstmordversuchen Europas mittels zweier Weltkriege, die Integration Europas eine Herzensangelegenheit. Die Zeit solcher selbstzerstörerischen europäischen Bürgerkriege habe ein Ende zu nehmen[111]. Europa als eine „nation des nations"[112] könne nur bestehen durch die „Einheit in der Vielheit".[113]

Europa war für Röpke nicht im geographischen Sinn zu erfassen, sondern im Sinne einer geistig-moralischen Idee einer in 3.000 Jahren gewachsenen Kultur[114]. Europa ist das Mutterhaus dieser Kultur mit der für die europäischen Regionen gemeinsamen Klammer des Patrimoniums aus Christentum und Humanismus. Trotz der Verschiedenheit der Sprachen, der Ethnien und der regionalen Eigentümlichkeiten ist dieses Patrimonium die Klammer dessen, was die gemeinsame europäische Kultur ausmacht.[115]

Deswegen war es für Röpke eindeutig klar, dass es nur einen richtigen Pfad der europäischen Integration geben kann, nämlich den des echten Föderalismus, der das gemeinsame Patrimonium bewahrt. Ein föderales Europa hieß demnach für ihn ein Europa einer freiheitlich gegliederten Ordnung, in der die Regionen ihre Eigenständigkeit und ihre Eigenarten bewahren. Ein höchst differenziertes Europa, dessen kulturelle Einheit sich gerade besonders durch eine einzigartige Buntheit, Vielgestaltigkeit und Mannigfaltigkeit auszeichnet[116]. Folglich plädierte Röpke für eine wirtschaftliche Integration Europas basierend auf dem Prinzip des Freihandels. Ein sozialistisch-planwirtschaftliches Europa verwarf er in Bausch und Bogen, da Föderalismus und Sozialismus sich ausschließen[117] und der zwangsläufige sozialistische Zentrismus mit dem Prinzip „Freiheit zu etwas" nicht vereinbar ist. Sozialisten sind, ob sie dies möchten oder nicht, final immer Zentralisten[118] und echte Europäer sind Anti-Zentralisten und Pluralisten.[119]

Ein wichtiges, notwendiges Element für eine erfolgreiche wirtschaftliche und politische Integration Europas sah Röpke im Geld- und Währungssystem. Ein internationales Währungssystem dessen Funktionstüchtigkeit für Röpke auf drei Postulaten ruhen muss: Einheit, Stabilität und Freiheit. Diese Postulate waren für Röpke nur durch eine Goldwährung zu garantieren. Seine Sympathien galten dem klassischen Goldstandard der Jahrzehnte vor dem I. Weltkrieg, der Zeit einer weitgehend liberalen Weltwirtschaftsordnung. Diese Goldwährung als das internationale Geld erzwang weitgehende monetäre Disziplin der teilnehmenden Staaten, erleichterte ungemein die internationale Arbeitsteilung und sorgte für eine enge Verzahnung der teilnehmenden Volkswirtschaften. Keine der Währungsordnungen, die als Alternativen zum Goldstandard vorgeschlagen wurden, kam für Röpke diesem auch nur von ferne nah.[120]

Der Goldstandard wurde nach Ende des II. Weltkriegs nicht wieder eingeführt. Folglich verlangte Röpke wegen der europäischen Integration und besonders mit Blick auf die internationale Ordnung, dass die damals übliche Devisenzwangswirtschaft abzubauen und die freie Konvertibilität der Währungen aufzurichten ist. Dies erst ermögliche den notwendigen freien Waren- und Kapitalverkehr im Dienste der internationalen

Arbeitsteilung[121], so dass diese wiederum der Steigerung der allgemeinen und der individuellen Wohlfahrt dienen kann.[122]

Die Pläne der „patentierten Europäer" die „Vereinigten Staaten von Europa" gemäß ihrer zentristischen Façon zu realisieren, sahen von Beginn an vor, dieses Ziel über die Zwischenstufe einer „Wirtschaftsunion" zu bewerkstelligen. Im Anschluss an die Vollendung der „Wirtschaftsunion" sei das eigentliche Ziel eine straff zentralistisch organisierten „politischen Union" zu vollenden. Als gelungenes historisches Beispiel für diesen Weg führten die Zentristen meist das deutsche Beispiel an: Vom Zollverein hin zu Bismarcks Reichsgründung[123]. Wobei viele Zentristen glaubten – und heute auch noch glauben –, dass ein zentralistischer Superstaat „Europa" das Potenzial habe in der Weltpolitik als Großmacht aufzutreten[124]. Einem Dezentristen wie Röpke überfiel bei derartigen Ideen das Grauen. Die Realisierung derartige Pläne bedeutete für ihn die Zerstörung dessen, was Europa ausmacht. Das kulturelle Depot Europas – gefüllt durch das Erbe der Antike, des Christentums und des Humanismus – wäre mutwillig vernichtet[125]. Ein derartiges Europa der „jakobinischen Zentralisten"[126] würde die europäische Idee pervertieren, diese würde reduziert werden auf das äußerlich Nützliche, das Materielle und das Rational-Wissenschaftlich-Technische[127]. Die Vorstellungen des Autors der „Civitas humana" präferierten einen anhand der Leitlinien des Subsidiaritätsprinzips dezentral gegliederten europäischen Staatenbund.[128]

„Bildungsjakobinismus"

Das auf Wilhelm von Humboldt zurückgehende deutsche Bildungssystem hatte mit Röpke einen wortgewaltigen und scharfsinnigen Verteidiger, der den Gegnern und Feinden dieses Bildungssystems „Bildungsjakobinismus"[129] vorwarf. Mehr oder weniger stand schon das ganze 19. Jahrhundert hindurch das deutsche Bildungssystem im Dauerbeschuss der sogenannten fortschrittlichen Bildungsreformer, die das neuhumanistische Bildungs- und Erziehungskonzept[130] ablehnten. An der Kritik änderten auch die Ergebnisse der Schulkonferenzen von 1890 und 1900 nichts. Die einzigartige Stellung des humanistischen Gymnasiums wurde damals teilweise geschliffen. Die Abiturabschlüsse des Realgymnasiums und der Oberrealschule wurden 1890 und 1900 dem Abschluss am humanistischen Gymnasium weitgehend gleichwertig gegenübergestellt – nur für die klassischen Studienfächer behielt das Abitur des humanistischen Gymnasiums seine privilegierte Stellung. Eine forcierte Kritik am deutschen Bildungssystem setzte jeweils verstärkt in den Jahren nach Ende des I. und des II. Weltkriegs ein, um dann ab Ende der 1950er Jahre und zu Beginn der 1960er Jahren enorm an Fahrt zuzulegen[131]. Das System sei für die moderne Zeit unzweckmäßig, besonders für eine Industrienation; Schule habe nützliche Fächer in die Lehrpläne aufzunehmen – nützlich für Wirtschaft und Staat[132]. Von ähnlich bis identisch klangen die Einwürfe gegen das Bildungssystem auch schon im 19. Jahrhundert.[133]

Zwar verstarb Röpke schon 1966, trotzdem brachte er sich noch in die bildungspolitische Diskussion der späten 1950er und frühen 1960er Jahre mit weitsichtigen Prognosen ein. Schon in „Jenseits von Angebot und Nachfrage" bündelte Röpke unter dem Label „Bildungsjakobinismus" die ideologischen Tendenzen der vielen angeblich so fortschrittlichen Schulreformer. Er legte den Finger auf die Ressentiments der „Bildungsjakobiner", die alles gleich machen wollen und mit wahrem Hass die klassische Bildung verfolgen, die für Röpke ein Bollwerk gegen den Egalitarismus darstellt.[134]

Die Schule der klassischen Bildung – so Röpke – erfordere geistige Disziplin und stelle eine anspruchsvolle, intellektuelle Schmiede dar, welche die gleichmacherischen „Bildungsjakobiner" als für die Massengesellschaft ungeeignet verabscheuen. Die Einebnung der „geistigen Einkommensunterschiede" sei das Ziel der „Bildungsjakobiner" – ein Ziel, dass nicht durch Anpassung der Massen nach oben, sondern nur durch Anpassung nach unten erreichbar ist. Die herbeigesehnten Massenschulen und Massenuniversitäten erzwängen somit folgerichtig die Absenkung des Leistungsniveaus, in dessen Gefolge dann Banalität, Verflachung, Durchschnittlichkeit und Einebnung des Denkens zum Alltäglichen heranzuwachsen hat. Die Herrschaft der Halbbildung, gepaart mit Herdenhaftigkeit und Unselbständigkeit erhebe schließlich ihr Haupt.[135]

Röpke setzte den „Bildungsjakobinern" sein Bildungsverständnis entgegen, welches auf Leistung, Differenzierung nach Begabung und tatsächlicher Erziehung setzte. Bürokratisierung, Demokratisierung, Mechanisierung und Entmenschlichung des Bildungswesens – also Massenschule und Massenuniversität – verwarf

Röpke als grundsätzlich falschen Weg. In seiner Kritik war er wieder ein „Meister der politischen Prognose". Einige Jahre später, nachdem sich die Euphorie der Bildungsreformer etwas gelegt hatte und eine vermehrte Kritik an den Umwälzungen dieser Art von Bildungspolitik laut wurde, da klangen doch viele Kritiker ähnlich wie einstmals Röpke.[136]

Die heutige Arena eines Wilhelm Röpkes?

Diese Frage wirkt nur scheinbar spekulativ, da alle Antworten sich in Röpkes Werk spiegeln, Röpkes Weltanschauung ist bekannt. Wirft man das Licht der Erinnerung auf die letzten gut vier Jahrzehnte, dann ist es klar, dass Röpke die Wendezeit des Herbstes 1989/90 voller Sympathie publizistisch begleitet hätte. Doch der „Meister der politischen Prognose"[137] hätte es dabei nicht belassen, sondern nach Vorne geblickt. Seine analytisch geübten Augen hätten erkannt, dass die treibenden Kräfte und die Gründe der „Gesellschaftskrisis", die unter anderem das System des „roten" Totalitarismus ursächlich bedingten, keineswegs besiegt waren. Folglich hätte Röpke ähnlich wie Roland Baader vor der

„tödlichen Illusion vom besiegten Sozialismus" gewarnt.[138]

Bei den Stichworten Familie, Gesellschaft und Kultur
würde Röpke weiterhin „gegen die Brandung"[139] mitten
in der „brennenden Krise der Gegenwart"[140] fechten
und Haltung zeigen.

Gegen die zerstörerische Kraft des die allgemeine und
individuelle Wohlfahrt aufzehrenden Wohlfahrtsstaats[141], der seit 1966 – Röpkes Todesjahr – enorm an
Fahrt zugelegt hat, wäre von Röpke – auf Grundlage einer ausgezeichneten Analyse – publizistisch mit rheto-
risch brillanter und qualitativ hochstehender Polemik
gefochten worden[142]. Und dies mit Wortschöpfungen,
die an den Roland Baader jener Tage erinnern könnten.
Röpke würde genau wie Baader am Realitätssinn jener
zweifeln, die das System des Wohlfahrtsstaats mit Kapitalismus / Marktwirtschaft gleichsetzen.[143]

Aus seinem liberalen und christlichen Verständnis
heraus wäre Röpke ein Verteidiger der klassischen, traditionellen Familie[144], bestehend aus Mann und Frau,
nebst Kind(ern) „Familie als Grundlage der Kulturweitergabe"[145]. Das, was heutzutage im Rahmen von
„Ehe für alle" im weitesten Sinne verfochten wird, wür-

de Röpke heute eindeutig als Ausgeburt der Exzesse einer gesteigerten „Gesellschaftskrisis der Gegenwart" verwerfen. Folglich wäre er – wieder wegen seiner liberal-christlichen Haltung – jemand, den die vorgeblichen Führungsmedien abfällig als „sogenannten Lebensschützer" titulieren. Im gleichen Rahmen würde Röpke derzeit mit rhetorischem Geschick – ähnlich wie einer seiner Lieblingsautoren Chesterton[146] vor hundert Jahren – gegen die Wiedergänger der Eugenik fechten und aufzeigen, dass hinter der Tarnkappe populärer psychologischer, pädagogischer, biomedizinischer und gentechnischer Begriffe und Floskeln eine grausame „Kultur des Todes" hervorlugt[147]. Folgerichtig würde Röpke heute mit den Verfechtern der Genderideologie manchen Strauß ausfechten und diese Ideologie als weiteren Anlauf der Sozialisten jeder Façon zur Zerstörung der Institution Familie werten. Intakte Familien sind seit je her der Erzfeind, der Todfeind des Sozialismus.[148]

Der Autor der „Civitas humana" würde selbstverständlich den Bildungsjakobinismus" unserer Tage publizistisch mit bester rhetorischer Polemik in die Schranken verweisen. Der heutige „Bildungsjakobinismus"[149] überschneidet sich vielfach mit dem Meinungsdiktat der „political correctness", mittels derer jede abweichende und/oder unerwünschte Meinung, egal ob in Politik, Gesellschaft oder im Bildungswesen, in die Reichsacht – eigentlich sogar direkt in die „Aberacht" – gestellt wird. Dies sind alles Dinge, die Röpke in der Endphase der Weimarer Republik zur Genüge kennenlernen musste und die schließlich in die „illiberale Demokratie"[150] der Tyrannis mündete, gegen die er mit Mut und Zivilcourage ankämpfte. Er würde auch heute kein Blatt vor den Mund nehmen und genau wie 1932 den Professoren „Verrat an der Idee der Universität"[151] vorhalten.

Die Verschleppung der ökonomischen, sozialen und politischen Probleme hätte – genau wie damals – auch heute in Röpke einen scharfen Kritiker. Vor 75 Jahren verfasste Röpke das Gutachten *„Ist die deutsche Wirtschaftspolitik richtig?"* im Auftrag der Regierung Adenauer. Wie Michael von Prollius richtig anführt ist dieses Gutachten *„noch heute beachtenswerte ordnungspolitische Kritik".* Das verwirrende Ausmaß der Ähnlichkeiten der heutigen mit den damaligen Problemen ist bezeichnend, insbesondere kann Röpkes Kritik an den Verwahrlosungen und Zersetzungen der westlichen Mischsysteme „Unklarheit, Verschwommenheit der Richtlinien, Grundsatzlosigkeit" auf das Heute so gut wie Eins-zu-Eins übertragen werden[152].

Ergo könnte Röpke seine damalige Rügen ob des britischen Systems auf die heutige bundesdeutsche Realität – mehr oder weniger ohne Abstriche zu machen – übernehmen[153]:

> *„Mangel an Ordnung und Antrieb auf allen Gebieten des Wirtschaftslebens (Arbeitsleistung, Unternehmerleistung, Investitionen, Sparen),*
> *Funktionsstörungen des von einander widerstrebenden Ordnungsprinzipien (den Kräften des freien Marktes einerseits und des staatlichen Kommandoapparats andererseits) hin und her gerissenen Wirtschaftsapparates,*
> *politisch irritierende Undurchsichtigkeit des Wirtschaftsprozesses, überwuchernde Gruppenherrschaft"* und die Schaffung eines fast undurchdringlichen Gestrüpps an Vorschriften, *„die ebenso viele Privilegien wie Gelegenheiten zur legalen oder illegalen Bereicherung bedeuten".*

Röpke würde heute – genau wie vor 75 Jahren – konsequent für eine marktwirtschaftliche Politik plädieren, die keinerlei Konzessionen an irgendeine Hautevolee kennt. Nur die Marktwirtschaft ist für Röpke – siehe das Zitat auf Seite 17 – die Wirtschaftsordnung, die Wohlstand und Freiheit für alle gewährleisten kann.

Die überbordende Bürokratie der Exekutive, der weit fortgeschrittene Fiskalsozialismus und der überquellende Etatismus – all dies würde durch Röpke heute bedingungslos seziert werden[154].

Bei den Stichworten EURO und EU richtet sich der Blick wiederum zunächst zurück, und zwar ins Jahr 1992 an die Maas, dort wurde im Februar der Maastrichtvertrag unterzeichnet. Roland Baader veröffentliche 1993 als Mahnung das Buch „Die EURO-Katastrophe". Dieses enthält eine Sammlung mit Presseartikeln, die dem Leser ein feines Bild der warnenden Stimmen vermitteln, die während der Zeit der Verhandlungen an der Maas diese begleitend kommentierten[155]. Hätte Röpke die Verhandlungen an der Maas noch erlebt, dann wäre Baaders Artikelsammlung um einige Diamanten – beigesteuert von Röpke – reicher. Auch er würde damals vor den Kalamitäten, die eine derartige EU-Einheitswährung originär verursacht, in wortgewaltigen Artikeln gewarnt haben[156]. Er hätte genau wie andere davor gewarnt, dass der EURO sich als Spaltpilz der EU erweisen könnte[157] und dass die EU-Staaten des „Clubs Mediteran" die Inflationierung des EUROs präferieren würden.[158]

Keinesfalls wäre Röpke vom Einsetzen der sogenannten Weltfinanzkrise 2007/08[159] und der sich daran anschließenden EURO-Krise überrascht worden. Auch nicht darüber, dass ab Ausbruch der Krisen die EU-Verträge permanent gebrochen werden[160], dass die „patentierten Europäer" die Krisen gezielt für ihre Zwecke nutzen, um[161]

> *„Europa zentralistisch zu organisieren, einer planwirtschaftlichen Bürokratie zu unterwerfen und gleichzeitig zu einem mehr oder weniger geschlossenen Block zu schmieden"*

und dies ist

> *„nichts weiter als Verrat an Europa. (Sie) zerstören gerade das, was wir zu verteidigen haben und was uns selber Europa ebenso liebenswert wie der ganzen Welt unersetzlich macht."*

Selbstverständlich wäre Röpke auch heute ein strikter Gegner derjenigen, welche die EU als „Paneuropäisches Imperium" gestalten wollen[162]. Eine heute von ihm vorgelegte „Schwachstellenanalyse"[163] würde den „patentierten Europäer" und den tonangebenden Ökonomokraten keineswegs behagen. Röpke würde als „Eurohasser", „Euroskeptiker", „DM-Nostalgiker", „Antieuropäer" oder „EU-Feind" tituliert werden. Derart werden seit etlichen Jahren diejenigen beschimpft, die ihre warnenden Stimmen gegen die Politik der „patentierten Europäer" erheben – mit den Warnern wird nicht diskutiert, sondern diese werden nur geschmäht und niedergemacht.[164]

Der überbordende EU-Zentralismus, nebst der dazugehörigen Begleitmusik einer hässlichen, anmaßenden EU-Bürokratie[165] und den permanenten Rechtsbrüchen der EU-Institutionen, wird und wurde maßgeblich angezettelt und vorangetrieben durch die „patentierten Europäer". Diese zündelten demzufolge auch mit dem natürlichen Rechtsempfinden der Menschen[166], so dass die vielen Gegenbewegungen zum EU-Zentralismus niemanden – Röpke hätte sich nicht gewundert – erstaunen sollten. Diese Gegenbewegungen würde der Autor der „Civitas Humana" heute kritisch bewerten. Als konsequent humanistisch, liberal und christlich gesinnter europäischer Weltbürger würde er selbstverständlich den in der EU wieder aufgeflammten vulgären Nationalismus und insbesondere die wieder geweckten intoleranten Bewegungen, die in Anmerkung 18 und den dazu zählenden Textteilen beschrieben sind, auf das Schärfste bekämpfen.

Schlussbemerkungen

Wilhelm Röpke heute stünde, aufgrund seiner Geisteshaltung, die im humanistischen, liberalen und christlichen Kulturerbe Europas fest verwurzelt war, in entschiedener Opposition zu vielen Strömungen des sogenannten Zeitgeistes. Genau wie 1930 sähe Röpke heute in keiner der strukturetatistischen Parteien des Bundestags für sich eine politische Heimat. Alle diese Parteien wären für Röpke – in der einen oder anderen Form – zutiefst von den Bazillen durchtränkt, die gemäß seiner Sicht für die „brennende Krise der Gegenwart"[167] verantwortlich sind.

Zum 100. Geburtstag Wilhelm Röpkes schrieb Roland Baader 1999 mahnende Worte[168]:

> *„Kein gutes Omen für unseren Weg ins dritte Jahrtausend, wenn wir mit dem Werk des grossen Gelehrten zugleich auf jenen «inneren Kompass» (ein schönes Wort von Eva Röpke) verzichten zu können glauben, der ihn zeitlebens geleitet hat. Ein Kompass, der wie bei kaum einem anderen der grossen Ökonomen auf die abendländischen Werte – zuvorderst die christlichen geeicht war."*

Ludwig Erhard ehrte 1967 bei der Marburger akademischen Gedenkfeier Wilhelm Röpke mit den Worten[169]:

„Wer die Lebensgeschichte wie auch den beruflichen Werdegang Wilhelm Röpkes kennt, kann sich nur in Ehrfurcht und Bewunderung vor ihm neigen."

Der Mahnung Roland Baaders und der Verbeugung Ludwig Erhards kann ich mich nur anschließen: Wilhelm Röpke war ein Gelehrter, der „ein Leben in der Brandung führte"[170], um zeitlebens mutig und unermüdlich für die „Civitas humana" zu fechten![171]

Anmerkungen / Kommentare

Zitat aus der Laudatio – Seite 2:

So fasste Martin Hoch 1962 in seiner Laudatio auf Wilhelm Röpke anlässlich der Verleihung der Willibald-Pirckheimer-Medaille Röpkes Lebensmotto zusammen; in: Hoch, Martin (Hg.), Wilhelm Röpke. Werk und Wirkung, Ludwigsburg 1964, 355.

Zu: Biographische Splitter

Anmerkung 1 – Seite 5:

Ausführlicher zur Biographie Röpkes siehe Hennecke, Hans Jörg: Wilhelm Röpke. Ein Leben in der Brandung. Stuttgart 2005, Schweizer, Joerg E.: Zu Biographie und Werk von Wilhelm Röpke. Oder: Die brennende Krise der Gegenwart. München 2010, Hahn, Roland: Wilhelm Röpke. Sankt Augustin 1997 oder auch Peukert, Helge: Röpke, Wilhelm; in: Neue Deutsche Biographie 21 (2003), S. 734-735 [Online-Version]; URL: https://www.deutsche-biographie.de/pnd118601989.html#ndbcontent.

Zur vollständigen Bibliographie Röpkes siehe o. V.: In Memoriam Wilhelm Röpke. Marburg 1968, S. 22-51.

Anmerkung 2 – Seite 6:

Siehe hierzu Röpke,Wilhelm: Die deutsche Frage. Erlenbach-Zürich 1945, 2. vermehrte Auflage. Die Analyse und die Weitsicht, die Röpke in diesem Buch direkt bei Kriegsende zeigte, ist nur ein Beispiel für Röpkes Begabung ein Problem schnell zu erfassen, zu durchdenken und Lösungswege vorzuschlagen. Hayek z. B. [Hayek, Friedrich August von: Glückwunschadresse zu Wilhelm Röpkes sechzigstem Geburtstag; in: Hunold, Albert (Hg.): Gegen die Brandung. Erlenbach-Zürich 1959, S. 25] lobte diese Fähigkeit Röpkes.

Rüstow [Rüstow, Alexander: Glückwunschadresse zu Wilhelm Röpkes sechzigstem Geburtstag; in: Hunold, Albert (Hg.): Gegen die Brandung. Erlenbach-Zürich 1959, S. 33f.] bezeichnete die Bundesrepublik Deutschland gar als das „Patenkind" Röpkes.

Der Einfluss Röpkes auf wichtige Weichensteller der bundesdeutschen Nachkriegsordnung ist nicht zu unterschätzen, siehe hierzu z. B. Haselbach, Dieter: Autoritärer Liberalismus und Soziale Marktwirtschaft. Baden-Baden 1991, 184ff., Hahn, Roland: Marktwirtschaft und Sozialromantik. Die programmatische Erneuerung des Liberalismus in Deutschland unter dem Einfluß der Ideen Wilhelm Röpkes und Alexander Rüstows. Egelsbach 1993, S. 191-227 und Skwiercz, Sylvia Hanna: Der Dritte Weg im Denken Wilhelm Röpkes. Würzburg 1988, S. 316-319. Ludwig Erhard, der erste Wirtschaftsminister der Bundesrepublik Deutschland, [Erhard, Ludwig: Glückwunschadresse zu Wilhelm Röpkes sechzigstem Geburtstag; in: Hunold, Albert (Hg.): Gegen die Brandung. Erlenbach-Zürich 1959, S. 12] schrieb, dass er Röpkes im Exil entstandene Trilogie („Die Gesellschaftskrisis der Gegenwart", „Civitas Humana" und „Internationale

Ordnung"), „wie die Wüste das befruchtende Wasser, in (sich) aufsog."

Meier-Rust berichtete (Meier-Rust, Kathrin: Alexander Rüstow: Geschichtsdeutung und liberales Engagement. Stuttgart 1993, S. 11), dass der weltanschauliche Anti-Spengler Alexander Rüstow den Stil Oswald Spenglers bewunderte. Spenglers Stil liege – so Rüstow in einem Brief – „genau in der Mitte zwischen dem, was man herkömmlicherweise wissenschaftlich, und dem was man herkömmlicherweise populär nennt" – und diesem Stil ist es zu verdanken, dass Spenglers Buch „Der Untergang des Abendlandes" als Bestseller und Longseller reüssierte. Da Rüstow und Röpke im Istanbuler Exil eng miteinander kooperierten, ist es wahrscheinlich, dass Röpke, der gleichfalls weltanschaulich ein Anti-Spengler war, dies wie Rüstow sah.

Jedenfalls bescheinigte Fritz Neumark [Neumark, Fritz: Erinnerungen an Wilhelm Röpke; in Ludwig-Erhard-Stiftung Bonn (Hg.): Wilhelm Röpke. Beiträge zu seinem Leben und Werk. Stuttgart 1980, S. 14], dass Wilhelm Röpke die Fähigkeit besaß in Headlines zu denken. Ein Talent, das sicherlich für den Erfolg der Publikationen Röpkes nützlich war.

Anmerkung 3 – Seite 7

Vgl. Hayek, Friedrich August von: Glückwunschadresse zu Wilhelm Röpkes sechzigstem Geburtstag; in: Hunold, Albert (Hg.): Gegen die Brandung. Erlenbach-Zürich 1959, S. 26.

Anmerkung 4 – Seite 7

Der Kreis der „Ricardinaner" lässt sich in zwei Untergruppen aufteilen. Eine Gruppe, zu dieser zählten die durch das Kieler Institut für Weltwirtschaft geprägten Ökonomen, stand wirtschaftspolitisch für einen „liberalen Sozialismus", während die andere Gruppe – zu dieser gehörte Röpke – für eine marktkonforme Wirtschaftspolitik in einer freien Gesellschaft eintrat. Vgl. Karabelas, Iris: Freiheit statt Sozialismus: Rezeption und Bedeutung Friedrich August von Hayeks in der Bundesrepublik. Frankfurt/M. 2010, S. 118.

Anmerkung 5 – Seite 7

Die Geschichte des Vereins wurde ausführlich aufbereitet durch Oschina, Susanne: Die Entwicklung des Vereins für Socialpolitik von seiner Gründung bis 1980 https://www.socialpolitik.de/sites/default/files/2021-05/Masterarbeit_zur_Geschichte_des_VfS_S.Oschina.pdf.

Der „Verein für Socialpolitik" wurde 1873 in Eisenach gegründet. Einer der Gründer des „Vereins für Socialpolitik" war Gustav von Schmoller, der Hauptvertreter der „jüngeren Historischen Schule der Nationalökonomie". Schmoller wurde auch langjähriger Vorsitzender des „Vereins für Socialpolitik". Der „Verein für Socialpolitik" wurde zur wirtschafts- und sozialpolitisch einflussreichsten Organisation deutscher Volkswirte im Bismarck-Reich und drängte den 1858 in Gotha gegründeten, dem Liberalismus und dem Freihandel verpflichteten „Kongreß deutscher Volkswirte" an den Rand, so dass der letzte Kongress 1885 in Nürnberg tagte. Heinrich Bernhard Oppenheim, ein Mitglied im „Kongreß deutscher Volkswirte", nannte die führenden Köpfe des „Vereins für Socialpolitik" treffend „Kathedersozialisten".

Anmerkung 6 – Seite 8
Dies belegt schon ein kurzes Stöbern in seinen Publikationen jener Tage. Einige Artikel aus jener Zeit sind zu finden in Hunold, Albert (Hg.): Gegen die Brandung. Erlenbach-Zürich 1959; Wilhelm Röpke: Wirrnis und Wahrheit: Ausgewählte Aufsätze. Erlenbach-Zürich 1962; Röpke, Wilhelm: Marktwirtschaft ist nicht genug. Gesammelte Aufsätze. Waltrop 2009.

Zu: Der Ungeist der Zeit

Anmerkung 7 – Seite 8
Informativ hierzu ist die Untersuchung von Ringer, Fritz K.: Die Gelehrten. Der Niedergang der deutschen Mandarine 1890-1933. Stuttgart 1983.

Anmerkung 8 – Seite 8

So schrieb der Historiker Friedrich Meinecke Ende 1918 in einem Zeitungsartikel: „Ich bleibe, der Vergangenheit zugewandt, Herzensmonarchist und werde, der Zukunft zugewandt, Vernunftrepublikaner." Meinecke, Friedrich: Verfassung und Verwaltung der deutschen Republik, in: derselbe: Politische Schriften und Reden. Darmstadt 1958, S. 281.

Anmerkung 9 – Seite 9

Vgl. hierzu die Untersuchung von Breuer, Stefan: Anatomie der Konservativen Revolution. Darmstadt 1995. Die Jugend war, so wie Gustav Stresemann 1925 resigniert anmerkte, für die moderaten, bürgerlichen Parteien verloren. Der Mittelstand und das Kleinbürgertum waren durch die große Inflation 1923 verarmt und daher empfänglich für radikale Erlösungs- und Heilsversprechen, zusätzlichen Schub bekam die Radikalisierung ab 1929 durch die „Weltwirtschaftskrise"; siehe hierzu die Notizen des Augenzeugen Muthesius, Volkmar: Augenzeuge von drei Inflationen. Frankfurt/M. 1973, 2. Auflage, S. 34-62.

Ringer (Ringer, Fritz K.: Die Gelehrten. Der Niedergang der deutschen Mandarine 1890-1933. Stuttgart 1983) beleuchtet die Zeit zwischen 1890-1933 als eine Periode des Umbruchs, die zu Unsicherheiten und Problemen führen musste, dies war schon in den zwei Jahrzehnten vor dem I. Weltkrieg abzusehen. Doch nach dem verlorenen I. Weltkrieg wurde die wilhelminische Epoche verklärt und alles Mangelhafte dem demokratisch-republikanischen System angelastet.

Auch ohne I. Weltkrieg war die Zeit der scheinbar sicher vorgezeichneten Lebensläufe und garantierten Karrieren der studierten Leute perdu.

Ebenfalls zeigt Breuer (siehe oben), dass die Zeit vorbei war, in der es normal war von Gymnasium und Universität kommend in eine sichere, angesehene und gut dotierte Stellung zu wechseln. Der scheinbar sicher vorgezeichnete Weg zum Studienrat, Justizrat, Finanzrat, Regierungsrat, Baurat, Bergrat, Kommerzienrat, Medizinalrat, Sanitätsrat und so fort war ziemlich unsicher geworden. Diese Unsicherheit wurde gefühlsmäßig dem demokratisch-politischen System angelastet, und dies nutzten die Radikalen propagandistisch für ihre Zwecke.

Mit Verweisen auf die Schriften der beiden bedeutenden Staats- und Verwaltungsrechtler – Edmund Bernatzik (1854-1919) und Richard Thoma (1874-1957) – vermerkte Hayek, dass im deutschsprachigen Kulturraum um die Jahrhundertwende zum 20. Jahrhundert allgemein die Doktrin akzeptiert war, dass der individualistische Rechtsstaat erledigt war, die Kräfte, die ab den 1870er Jahren in der großen, geistigen Bewegung der „nationalen und sozialen Ideen" gegen den Liberalismus kämpften, waren siegreich. Vgl. Hayek, Friedrich August von: Das politische Ideal der Herrschaft des Gesetzes. Baden-Baden 2010, S. 64, Anmerkungen 13, 14 und 15.

Auch anhand von Hauke Janssens Untersuchung (Janssen, Hauke: Nationalökonomie und Nationalsozialismus. Marburg 1998) ist ableitbar, dass etliche Vertreter der

„Historischen Schule der Nationalökonomie" für nationalistische und strukturkonservative Strömungen empfänglich waren. Es ist oft genug mehr als schwierig abzugrenzen, wer aus den Reihen der Gelehrten dem radikalen Denken Vorschub leistete oder nicht. Ringer (Ringer, Fritz K.: Die Gelehrten. Der Niedergang der deutschen Mandarine 1890-1933. Stuttgart 1983) rechnet z. B. Max Weber (1864-1920) zu den Professoren, die gegen den „Ungeist" standen, der also auch, falls er länger gelebt hätte, in den 1920er und 1930er Jahren gegen die „konservativen Revolutionäre", die „roten" und die „braunen" Totalitaristen gefochten hätte; ähnlich – mit Sicht auf – 1933, beurteil(t)en viele Max Weber. Es gibt jedoch auch andere Urteile zu Max Weber, z. B. weckte die Lektüre eines Buches von Michael Spöttel (Spöttel, Michael: Max Weber und die jüdische Ethik, Frankfurt/M. 1997) doch erhebliche Zweifel am Urteil Ringers.

Auch Alfred Weber, dem Bruder Max Webers, wird mitunter vorgehalten als Verfechter einer „Führerdemokratie" ein bissiger Kritiker der Weimarer Republik gewesen zu sein und dadurch an ihrem Untergang gewerkelt zu haben. Ein haltloser Vorwurf, da Alfred Weber nicht die Republik destruktiv kritisierte, sondern nur aufgrund seiner Untersuchungen ein Präsidialsystem nach Art der USA dem parlamentarischen System vorzog. Außerdem ist hervorzuheben, dass Alfred Weber im März 1933 als einziger Heidelberger Professor gegen den Befehl des Hissens der Hakenkreuzfahne protestierte, so dass auf seinem Institut – dem InSoSta – diese Fahne erst mit einem Tag Verspätung aufgrund von massivem, hartem und sehr demütigendem Druck gehisst wurde. Vgl. Blomert, Reinhart u. a. (Hg): Heidelberger Sozial- und Staatswissenschaften. Marburg 1997, S. 21f. und S. 50f.

Anmerkung 10 – Seite 9

Vertiefend zum Totalitarismus siehe z. B. Komuth, Horst: Manès Sperber – Arthur Koestler – George Orwell – Der Totalitarismus als Geißel des 20. Jahrhunderts. Würzburg 1987; Hornung, Klaus: Das totalitäre Zeitalter. Bilanz des 20. Jahrhunderts. Berlin 1993; derselbe: Die offene Flanke der Freiheit. Studien zum Totalitarismus im 20. Jahrhundert. Frankfurt/M. 2001 und derselbe: Freiheit oder Despotismus. Die Erfahrung des 20. Jahrhunderts. Bad Schussenried 2015; speziell zum „roten" Totalitarismus derselbe: Der faszinierende Irrtum. Karl Marx und die Folgen. Freiburg 1982, 4. Auflage. Speziell zum „braunen" Totalitarismus siehe z. B. Breuer, Stefan: Ordnungen der Ungleichheit. Die deutsche Rechte im Widerstreit ihrer Ideen 1871-1945. Darmstadt 2001.

Anmerkung 11 – Seite 9

Zitiert nach Freund, Michael: Deutsche Geschichte. Gütersloh 1973, Spalte 600.

Der Geschichtsprofessor Droysen gilt als „nationaler Historiker", der durch die Revolution 1848/49 zum „nationalen Politiker" wurde (Schieder, Theodor: Droysen, Johann Gustav; in: Neue Deutsche Biographie 4 (1959), S. 135-137 [Online-Version]; URL: https://www.deutsche-biographie.de/pnd11852755X.html#ndbcontent). Als Deputierter der Nationalversammlung der Frankfurter Paulskirche war Droysen ein Verfechter der kleindeutsch-preußischen Lösung. Die Bedeutung seiner Publikationen und die seiner Fachkollegen, die ähnlich dachten wie er, gaben dem deutsch-preußisch-militärischen National-gedanken einen nicht zu unterschätzenden Schub.

Anmerkung 12 – Seite 9
Ausführlich zum „Pro" und „Contra" der „konservativen Revolution": Für das „Pro" Mohler, Armin: Die Konservative Revolution in Deutschland 1918-1932, Darmstadt 1989 und für das „Contra" Breuer, Stefan: Anatomie der Konservativen Revolution. Darmstadt 1995.

Der Ausdruck „konservative Revolution" an und für sich ist älter als das 20. Jahrhundert. Im angelsächsischen Raum und in der Schweiz wurde der Ausdruck schon in der ersten Hälfte des 19. Jahrhunderts gelegentlich gebraucht. Im Zarenreich wurde der Begriff in der zweiten Hälfte des 19. Jahrhunderts vereinzelt für eine „Revolution rückwärts" benutzt. Folgt man dem Verständnis Mohlers, so sind in dem Begriff eigentlich nur die Strömungen zu bündeln, die ähnlich der „Action française" von Charles Maurras sind. Somit wäre die eigentliche Geburtsstunde einer „konservativen Revolution" in einem europäischen Kulturland auf das Ende des 19. Jahrhunderts zu datieren. Mehr dazu Breuer, Stefan: Nationalismus und Faschismus. Frankreich, Italien und Deutschland im Vergleich. Darmstadt 2005.

Anmerkung 13 – Seite 9

Zitiert nach Meinecke, Friedrich: Die deutsche Katastrophe. Wiesbaden 1965, 6. Auflage; im 7. Kapitel des Buches – über das „Hitlermenschentum" – wird das Grillparzer-Zitat mehrfach herangezogen.

Anmerkung 14 – Seite 9

So titelte der Philosoph und Wissenschaftstheoretiker Gerard Radnitzky völlig richtig seine Erinnerungen an dieses grauenhafte Jahrhundert, Radnitzky, Gerard: Das verdammte 20. Jahrhundert: Erinnerungen und Reflexionen eines politisch Unkorrekten. Zürich 2006.

Anmerkung 15 – Seite 10

„Konservative Revolutionäre", „braune" und „rote" Totalitaristen bildeten eine Einheitsfront gegen den „bourgeoisen Liberalismus", den sie verachteten und verabscheuten, so dass Ludwig von Mises – zwar etwas spitz, aber durchaus korrekt – formulierte „Der Hass gegen den Liberalismus ist das Einzige, in dem die Deutschen einig sind."; zitiert nach Kromka, Franz: Markt und Moral. Grevenbroich 2008, S. 231.

Das die „Konservative Revolution" und der „NS" weitestgehend deckungsgleich waren, räumte spät im Leben selbst Mohler schließlich ein, siehe Mohler, Armin: Das Gespräch: Über Linke, Rechte und Langeweiler. Dresden 2001, S. 41.

Anmerkung 16 – Seite 11

Röpkes Vortrag „Epochenwende?", gehalten am 08.02.1933 in Frankfurt, zeigt eindeutig, dass Röpke für das genaue

Gegenteil focht. Siehe Röpke, Wilhelm: Epochenwende?; in: derselbe: Wirrnis und Wahrheit: Ausgewählte Aufsätze. Erlenbach-Zürich 1962, S. 105-124.

Anmerkung 17 – Seite 11
Mehr zu diesen fünf Hauptgruppen Mohlers, siehe Mohler, Armin: Die Konservative Revolution in Deutschland 1918-1932, Darmstadt 1989.

Anmerkung 18 – Seite 11
Moeller van den Bruck, Arthur: Das dritte Reich. Hamburg 1931, S. 189 und S. 202.

Ähnlich äußerten sich auch andere „konservative Revolutionäre"; auf mich wirken derartige Äußerungen wie „Nihilismus" und „Irrationalismus" in einem Guss. Nicht von ungefähr bezeichnete Breuer den Ausdruck „Konservative Revolution" zwar als sehr erfolgreiche Wortschöpfung, jedoch als unhaltbaren Begriff, siehe Breuer, Stefan: Anatomie der Konservativen Revolution. Darmstadt 1995, 2. Auflage, S. 191ff.

Wichtig in diesem Rahmen ist auch Weiß, Volker: Moderne Antimoderne. Arthur Moeller van den Bruck und der Wandel des Konservatismus. Paderborn 2012.

Weiß arbeitete in seiner 2012 erschienen Dissertation fein heraus, dass Moeller van den Bruck nicht nur den Liberalismus und die Demokratie hasste, sondern auch alles das, was im Grunde genommen die traditionelle abendländische Kultur ausmacht. Auch zerstörte Weiß, und zwar auf der Grundlage des vom NS-Regime eingerichteten

„Arthur Moeller van den Bruck-Archivs" (enthalten im Bundesarchiv Berlin-Lichterfelde und erstmals durch Weiß ausgewertet), etliche der immer und immer wieder neu aufgewärmten Mythen und Legenden um Moeller van den Bruck. Seit 1945 wird versucht diese immens wichtige und schillernde Gestalt der „konservativen Revolution" als Verächter der „braunen" Totalitaristen hinzustellen, um ihn von jeglicher Schuld an 1933 und die Folgen reinzuwaschen. Mittels einer konsequenten Textanalyse hingegen zeigte Weiß, dass das Gegenteil richtig ist, insbesondere ein Moeller van den Bruck zugeschriebener Artikel, in welchem er von der „proletarischen Primitivität" Hitlers spricht, sei mitnichten „negativ" gemeint, sondern diese Charakterisierung Hitlers durch Moeller van den Bruck war durchaus extrem „positiv" gemeint.

Folgt man der Analyse von Weiß, dann ist es eindeutig klar, dass gerade Moeller van den Bruck und die „Jungkonservativen" entscheidende Wegbereiter und Steigbügelhalter der Hitler-Barbarei waren und dass das braune Regime zwischen 1933 und 1945 Moeller van den Bruck keineswegs ablehnte – gegenteilige Behauptungen gehören, milde ausgedrückt, ins Reich der Fabeln und Legenden. Thomas Mann brachte bereits 1933 die Ergebnisse von Weiß aus 2012 auf den Punkt; am 26.09.1933 notierte Mann in sein Tagebuch, dass der Nationalsozialismus die „politische Wirklichkeit jener konservativen Revolution" ist. Den Versuchungen dieser geistigen Bewegung sei er (Mann) aus „Abscheu vor ihrer Realität" nicht verfallen, siehe Mann, Thomas: Tagebücher 1933–1934. Frankfurt/M. 1997, S. 194.

Nichtsdestotrotz, Mohler rechnete Thomas Mann, der schon vor dem I. Weltkrieg den Ausdruck „drittes Reich" verwandte, wegen Manns „Betrachtungen eines Unpolitischen" – 1920 veröffentlicht – der „konservativen Revolution" zu; doch Thomas Manns Rede „Von deutscher Republik" – gehalten am 13.10.1922 – macht deutlich, dass Thomas Mann kein „konservativer Revolutionär" war.

Mohlers Zuordnungen und Gliederungen der „konservativen Revolutionäre" sind sowieso seltsam, nicht nur im Fall Thomas Manns; unter dem „paradoxen Begriff" verrührte Mohler – mittels waghalsiger Konstruktionen, verantwortungslosen Unterschlagungen und seltsamen Märchen – Dutzende von vielfach gänzlich gegensätzlichen Publizisten zu einer bizarren Brühe. So wird z. B. der „konservative Revolutionär" Carl Schmitt von Mohler einfach pauschal den „Jungkonservativen" zugeschlagen, dabei schüttete Schmitt in den 1920er Jahren über einige der „konservativen Revolutionäre" – gerade auch über prominente „Jungkonservative" – beißenden Spott aus.

Friedrich Julius Stahl war im 19. Jahrhundert der evangelische Staatsrechtler der preußischen Konservativen, der auf seiner ethischen Grundlage restaurativ, voraufklärerisch, antiliberal und antirepublikanisch wirkte. Der katholische Jurist Carl Schmitt ist ebenfalls gewissermaßen voraufklärerisch, hingegen ist Schmitt auch der Moderne verhaftet und verpflichtet – somit widersprüchlich, aber einflussreich. Die Wirkungen von Stahl und Schmitt beleuchtete z. B. Müller, Ingo: Furchtbare

Juristen. Die unbewältigte Vergangenheit unserer Justiz. München 1987; nach meiner Einschätzung wirkte Stahl – trotz oder gerade wegen der Gegensätze – befruchtend auf Schmitt.

Schmitt war zutiefst antiliberal und ein Gegner des Parlamentarismus, plädierte jedoch für die Stärkung von Ehe, Familie, Privateigentum und Religion. Diese Institutionen sollten freie Räume sein, die Schmitt dem Zugriff des „totalen" Staates entreißen wollte. Durch seinen Glauben an die Stärke des nationalen Mythos und der schon frühzeitigen Huldigung des Führerprinzips [Schmitt, Carl: Der Führer schützt das Recht; in: Deutsche Juristen-Zeitung, 39. Jahrgang, Heft 15, Berlin 1934, Sp. 945-950 (https://www.flechsig.biz/DJZ34_CS.pdf)] ist es kaum verwunderlich, dass Schmitt sich 1933 dem „Führer" als „Kronjurist" zur Verfügung stellte, natürlich war dies mit einer gehörigen Portion Opportunismus gepaart. Vgl. Holmes, Stephen: Die Anatomie des Antiliberalismus. Hamburg 1995, S. 75-114.

Außerdem arbeitete Holmes die antiliberalen Gemeinsamkeiten zwischen Carl Schmitt und Leo Strauss heraus, ansonsten unterscheiden sich die beiden für Holmes grundsätzlich. Eventuell ist dies in grundlegenden Teilaspekten ein Trugschluss; denn immerhin war es Carl Schmitt, dessen Gutachten (vor 1933) für Strauss den Weg zum Rockefeller-Stipendium ebnete. Jedenfalls sah Schmitt im Liberalismus eine die heldenhafte Aggressivität schwächende Lehre. Zwar als politischer Philosoph auf einer anderen Ebene – jedoch trotzdem ähnlich wie Schmitt – argumentierte der Emigrant Strauss und erklärte den Liberalismus für minderwertig, Holmes, Stephen: Die Anatomie des Antiliberalismus. Hamburg 1995, S. 147ff.

Holmes setzte mit seiner Untersuchung über den Antiliberalismus beim strukturkonservativen, antiliberalen Reaktionär Joseph de Maistre ein und gelangte über Carl Schmitt und Leo Strauss zu Alasdair MacIntyre, Christopher Lasch und Roberto Unger – und damit in die heutige Zeit.

Dadurch wird deutlich, wie tief die antiliberalen Tendenzen in der Ideengeschichte des Westens eingebunden sind. Es wird klar, dass die ab 1933 in Deutschland deplatzierten und von vielen US-Hochschulen aufgenommenen Wissenschaftlern dort ihre Wirkung entfalten konnten. Linke und rechte Emigranten einte der Hass auf den Liberalismus, sie formten ihre Verkündung der antiliberalen Ideen dem amerikanischen Publikum an, die Saat ging auf; eingehend dazu Holmes, Stephen: Die Anatomie des Antiliberalismus. Hamburg 1995.

In diesen Rahmen können Taghizadegans Überlegungen zur amerikanischen Ideengeschichte und die Gründe des Unabhängigkeitskriegs eingewoben werden; Taghizadegan, Rahim: Linke & Rechte: Ein ideengeschichtlicher Kompass für die ideologischen Minenfelder der Neuzeit. Wien 2017, S. 82-112. Taghizadegan legte dar, dass nicht der Wunsch nach Freiheit, sondern der Wunsch nach Selbstregierung der wesentliche Grund für den amerikanischen Unabhängigkeitskrieg war. Damit gemeint ist die Selbstregierung der vielen kleinen, lokalen, kommunalen Einheiten, die damals weitgehend autonom und abgeschottet zum Außen im Innern der Kommune jedoch kommunitaristisch-kollektivistisch geprägt – also antiliberal – waren; siehe Taghizadegan, Rahim: Linke & Rechte: Ein ideengeschichtlicher Kompass für die ideologischen Minenfelder der Neuzeit. Wien 2017, S. 87f.

Diese alten, in den USA nie verschwundenen kommunitaristisch-kollektivistischen Vorstellungen flossen mit den antiliberalen Ideen der linken und rechten deutschen Emigranten zusammen, so dass eine Suppe entstand, welche bei etlichen Zutaten den Geruch der zutiefst antiliberalen „konservativen Revolution" im Deutschen Reich annimmt. Deshalb verwundern Zitelmanns Umfrageergebnisse, die bei einem erschreckend hohen Teil der amerikanischen Jugend zutiefst antiliberale Tendenzen aufzeigen, keineswegs, vgl. die aufgegliederten Umfrageergebnisse bei Zitelmann, Rainer: Die Gesellschaft und ihre Reichen: Vorurteile über eine beneidete Minderheit. München 2019. Zitelmanns Umfrageergebnisse bestätigen im Grunde nur die schon über sechs Jahrzehnte alte Analyse von Ludwig von Mises; Mises, Ludwig von: Die Wurzeln des Antikapitalismus. Frankfurt/M., 2. Auflage 1979.

Weiter, in einem von den Historikern Puschner und Großmann herausgegebenen Sammelband wurde die Aktualität alter Denkmuster der 1920er Jahre aufgefächert. Solche Muster sind nicht auf den deutschen Sprachraum beschränkt, sondern sind durchaus international zu verorten.

So bezeichnete sich die Bestseller-Autorin Marion Zimmer Bradley („Die Nebel von Avalon") als „Neuheidin"; solche Neuheiden richten ihren Kalender nach der mindestens 5.000 Jahren alten und von der Jungsteinzeit bis mindestens zur Bronzezeit genutzten Kultstätte „Stonehenge" (Wiltshire/England) aus.

Die Beiträge des Sammelbandes illustrieren, dass aus vielen Ingredienzien, wie z. B. der „konservativen Revolution" der 1920er Jahre, anscheinend ein international verbreitetes Gebräu gemischt wird, dessen Mixer aus künstlerischen, esoterischen und ökologischen Kreisen kommen und an viele intolerante Denkmuster der Zeit zwischen den Weltkriegen anknüpfen. Siehe Puschner, Uwe und Großmann, G. Ulrich (Hg).: Völkisch und national. Zur Aktualität alter Denkmuster im 21. Jahrhundert. Darmstadt 2009.

Anmerkung 19 – Seite 12
Die meisten dieser Theologen standen spätestens ab Herbst 1933 – nach dem „Sportpalastskandal" (https://de.evangelischer-widerstand.de/html/view.php? type=dokument&id=18) um die „Deutschen Christen" – durch den Kirchenkampf in Opposition zum braunen Regime und wurden in der Regel mit Repressalien bis hin zum KZ belegt, deswegen erscheint es mir fair hier keine Namen zu nennen.

Anmerkung 20 – Seite 12
Auch hier überschnitten sich die Positionen der „konservativen Revolutionäre" mit denen der „roten" und „braunen" Totalitaristen. Der Marxist Karl Kautsky z. B.

betonte, dass in der wahren Demokratie (d. h. bei Kautsky im Sozialismus) alle Rechte im Kollektiv zusammen fallen; der Einzelne habe dann keinerlei Rechte mehr, auch kein Recht auf Widerstand. Siehe hierzu Schüßlburner, Josef: Roter, brauner und grüner Sozialismus. Grevenbroich 2008, dort finden sich eine Vielzahl weiterer Beispiele mit umfangreichen Quellenangaben.

Anmerkung 21 – Seite 12

Den Wert und die Würde des *einzelnen* Menschen betonen gerade herausragende christliche Denker; Beispiel Pieper, Josef: Über das christliche Menschenbild. Freiburg 1995. Einfach formuliert, die Bibel, insbesondere das „Neue Testament", spricht den einzelnen Menschen persönlich als „Unikat" an und nicht als amorphe, kollektive Masse.

Anmerkung 22 – Seite 12

Wie Hahn zeigte, damals waren durch den Einfluss des scheinbaren Liberalen Friedrich Naumann echte Liberale kaum vorhanden. Naumanns Modell des wirtschaftlichen „Organisationsstaates" ist „Staatssozialismus" oder „Nationalsozialismus". Die „braunen" Totalitaristen setzten später Naumanns Ideen eines wirtschaftlichen „Organisationsstaates" zu einem guten Teil um, so dass man Naumann und seine einflussreiche Gruppe, auch wenn Naumann den braunen Terror und die braune Barbarei abgelehnt hätte, doch unter anderem wegen der staatssozialistischen Ideen des wirtschaftlichen „Organisationsstaates" zu den Wegbereitern der „braunen" Totalitaristen zu rechnen hat. Vgl. Hahn, Roland:

Marktwirtschaft und Sozialromantik. Die programmatische Erneuerung des Liberalismus in Deutschland unter dem Einfluß der Ideen Wilhelm Röpkes und Alexander Rüstows. Egelsbach 1993, S. 65-70.

Ausführlich zum „braunen" Wirtschaftssystem siehe Prollius, Michael von: Das Wirtschaftssystem der Nationalsozialisten 1933 – 1939. Paderborn und derselbe: Wirtschaftsfaschismus. Norderstedt 2024.

Mises merkte an, dass das System des NS schon lange vor dem I. Weltkrieg klar und vollständig ausformuliert vorlag. Neben Naumann hatten daran viele weitere, angesehene und bekannte Männer des Bismarckreichs, die zum Teil als „Liberale" galten, ihren Anteil; siehe dazu Mises, Ludwig von: Im Namen des Staates. Stuttgart 1978, S. 166.

So zählte Ludwig von Mises eindeutig Naumann zu den Wegbereitern des NS, Friedrich August von Hayek sah dies ähnlich wie Mises, siehe Mises, Ludwig von: Im Namen des Staates. Stuttgart 1978, S. 166 und Hayek, Friedrich August von: Der Weg zur Knechtschaft. 4. Auflage, München 1981, S. 218, Fußnote 9.

Für ein Mehr zu Naumann siehe bspw. Aly, Goetz: Die Leiche im Keller der FDP; in: Frankfurter Rundschau; https://www.fr.de/meinung/leiche-keller-11405849.html.

Anmerkung 23 – Seite 12
Schwarz, Gerhard: Müssen Liberale optimistisch sein? https://www.nzz.ch/feuilleton/muessen-liberale-optimistisch-sein-ld.1450262.

Ludwig Erhard bewunderte [Ludwig Erhard: Glückwunschadresse zu Wilhelm Röpkes sechzigstem Geburtstag; in: Hunold, Albert (Hg.): Gegen die Brandung. Erlenbach-Zürich 1959, S. 13] geradezu das „Kämpferherz" Röpkes.

Anmerkung 24 – Seite 13
Vgl. Hennecke, Hans Jörg: Wilhelm Röpke. Ein Leben in der Brandung. Stuttgart 2005, die Kapitel III, IV und V.

Anmerkung 25 – Seite 12
Röpke, Wilhelm: Das Kulturideal des Liberalismus. Frankfurt/M. 1947.

Anmerkung 26 – Seite 13
Hayek vermerkte, dass Röpke schon sehr früh empfand, „dass ein Nationalökonom, der nur ein Nationalökonom ist, kein guter Nationalökonom sein kann". Dieses Empfinden führt Hayek auf den Einfluss von Ludwig von Mises und dessen Buch „Die Gemeinwirtschaft" (Jena 1922, 2. Auflage 1932) zurück. Er selbst (Hayek), Röpke und andere junge Ökonomen wurden damals in den 1920er Jahren durch die Lektüre dieses Buches zu Liberalen; siehe Hayek, Friedrich August von: Glückwunschadresse zu Wilhelm Röpkes sechzigstem Geburtstag; in: Hunold, Albert (Hg.): Gegen die Brandung. Erlenbach-Zürich 1959, S. 26f.

Auch in seiner Freiburger Antrittsvorlesung (Wirtschaft, Wissenschaft und Politik, S. 16) vom 18.06.1962 sagte Hayek, dass ein Nur-Ökonom von vornherein ein schlechter Ökonom ist, ja, je nach beruflicher Stellung eine Gefahr für das Gemeinwesen sein kann; wer kein Nur-Ökonom, kein schlechter Ökonom sein möchte, der habe sich zumindest grundlegend mit Staatslehre, Jurisprudenz, Ethnologie, Psychologie, Geschichte und Philosophie zu befassen. Die Antrittsvorlesung ist enthalten in Hayek, Friedrich August von: Freiburger Studien, Tübingen 1969, S. 1-17.

Anmerkung 27 – Seite 13

Die einzelnen Artikeln finden sich in der Bibliographie Röpkes, o. V.: In Memoriam Wilhelm Röpke. Marburg 1968, S. 24f. In den allgemeinen Rahmen dieser Artikelserie gehört auch ein Artikel aus der Frankfurter Zeitung vom 30.12.1931, Röpke Wilhelm: Die Katastrophensüchtigen; in: derselbe: Marktwirtschaft ist nicht genug. Waltrop 2009, S. 45-46.

Anmerkung 28 – Seite 13

Umfassend und mehr dazu Hennecke, Hans Jörg: Wilhelm Röpke. Ein Leben in der Brandung. Stuttgart 2005, S 65-88.

Anmerkung 29 – Seite 13

So z. B. der Artikel „Die Intellektuellen und der Kapitalismus", enthalten in Hunold, Albert (Hg.): Gegen die Brandung. Erlenbach-Zürich 1959, S 87-107. Es war allgemein bekannt, dass Röpke das Pseudonym „Ulrich Unfried" als direkten Speer gegen Ferdinand Fried führte.

Anmerkung 30 – Seite 13

Ferdinand Friedrich Zimmermann, schrieb als Journalist unter dem Namen Ferdinand Fried. Einen Einblick in Frieds Karriere (Weimarer Republik, „Tausendjähriges Reich", Nachkriegszeit) liefert Köpf, Peter: Schreiben nach jeder

Richtung. Goebbels-Propagandisten in der westdeutschen Nachkriegspresse. Berlin 1995, S. 75f.

Ab 1929 schrieb Fried für den „Tat-Kreis"; nach 1933 trat Fried der SS (Sturmbannführer) und der NSDAP bei; für Himmler war Fried tätig im „Reichsnährstand", im „Lebensborn", im „Rasse- und Siedlungshauptamt" und natürlich auch als Journalist. Frieds Karriere zwischen 1933 und 1945 bestätigt plastisch die Thesen von Weiß (siehe Anmerkung 18). Nach Ende des II. Weltkriegs arbeitete Fried weiterhin als Journalist, unter anderem ab 1953 als leitender Wirtschaftsredakteur für Springers „WELT".

Zum „Tat-Kreis" zählte auch Giselher Wirsing, dieser wurde nach 1933 SS-Sturmbannführer und arbeitete als Journalist für Himmlers SD Nach Kriegsende arbeitete Wirsing zeitweise für den US-Geheimdienst und wurde Chefredakteur der Wochenzeitung „Christ und Welt", einem offiziellen Blatt der Evangelischen Kirche (Löbbert, Raoul: Der Nazi von Christ und Welt. Christ & Welt, 30.08.2012, https://archiv.reporter-forum.de/fileadmin/pdf/Reporterp reis_2012/Kultur/Loebbert_Der_Nazi.pdf).

Ebenfalls dem „Tat-Kreis" zugehörig war Ernst Wilhelm Eschmann. Dieser wurde nach 1933 Soziologieprofessor in Berlin und Mitarbeiter des „Deutschen Auslandswissenschaftlichen Instituts", welches die für das Ausland vorgesehenen NS-Nachwuchskräfte und NS-Verwaltungsbeamte schulte; ab 1960 war Eschmann in

Münster Professor für Philosophie, Soziologie und Geistesgeschichte, vgl. Plöger, M. Frederik: Soziologie in totalitären Zeiten: Zu Leben und Werk von Ernst Wilhelm Eschmann (1904-1987). Münster 2007.

Kurt Sontheimer analysierte die Wirkung des „Tat-Kreises, der wesentlich zur geistigen Vorbereitung des „braunen Totalitarismus" beitrug, in der FAZ am 01.07.1959; vgl. Hunold, Albert (Hg.): Gegen die Brandung. Erlenbach-Zürich 1959, S. 87 und in den Vierteljahresheften für Zeitgeschichte, siehe Sontheimer, Kurt: Der Tatkreis; in: Vierteljahreshefte für Zeitgeschichte, Heft Juli, München 1959, S. 249-260. So interviewte Sontheimer 1956 Eschmann, der im Gespräch ausführte: „Wir hatten keine richtigen Prinzipien. ... Die Idee des Naturrechts, der unveräußerlichen Rechte des Menschen war uns fremd." Eine aufschlussreiche Aussage; siehe Sontheimer, Kurt: Der Tatkreis; in: Vierteljahreshefte für Zeitgeschichte, Heft Juli, München 1959, S. 249-260; ebenfalls zum Tat-Kreis publizierte Sontheimer in der FAZ am 01.07.1959

Wegen Fried mied Röpke Springers „WELT". Röpke veröffentlichte erst im Jahre 1965 ein paar Artikel in der „WELT am Sonntag", siehe die Bibliographie Röpkes, o. V.: In Memoriam Wilhelm Röpke. Marburg 1968, S. 50f.

Anmerkung 31 – Seite 13
Auch das Buch „Der Weg des Unheils", veröffentlicht 1931, offenbart einen sehr weitsichtigen Röpke. Zu Auszügen aus

dem Buch siehe Röpke, Wilhelm: Der Weg des Unheils; in: derselbe: Marktwirtschaft ist nicht genug. Waltrop 2009, S. 39-44.

Röpke war Mitglied der liberalen Deutschen Demokratischen Partei (DDP), die bei den Reichstagswahlen von 1930 eine vernichtende Niederlage erlitt. Die DDP hatte sich mit der Volksnationalen Reichsvereinigung, der Partei des „Jungdeutschen Ordens", zur „Deutschen Staatspartei" vereinigt. Wegen dieser Hinwendung der DDP zum antisemitisch-völkisch-autoritären Jungdeutschen Orden verließ der konsequente Liberale Röpke die DDP. Das DDP-Mitglied Theodor Heuss wurde auch Mitglied der „Deutschen Staatspartei", die in den Novemberwahlen 1932 zwei Mandate für den Reichstag errang (https://de.wikipedia.org/wiki/Reichstagswahl_November _1932).

Eines dieser Mandate ging an Theodor Heuss, der 1933 aus Gründen des „Fraktionszwangs" für das Ermächtigungsgesetz stimmte. Vgl. Aly, Götz: Wilhelm Röpke gegen Volk und Führer. Liberale Kritik am nationalen Sozialismus; in: derselbe: Volk ohne Mitte: Die Deutschen zwischen Freiheitsangst und Kollektivismus. Frankfurt/M. 2015, S. 114 und derselbe: Die Leiche im Keller der FDP; in: Frankfurter Rundschau; https://www.fr.de/meinung/leiche-keller-11405849.html.

Anmerkung 32 – Seite 14

Das Flugblatt „Nationalsozialisten als Feinde der Bauern" ist enthalten in Hunold, Albert (Hg.): Gegen die Brandung. Erlenbach-Zürich 1959, S 84-86. Ein wahrhaft prophetisches Flugblatt, da sich Röpkes Prognosen bezüglich der „braunen Barbaren" sich leider nach 1933 punktgenau bewahrheitet haben.

Anmerkung 33 – Seite 14

Röpke, Wilhelm: Gegen Intoleranz; in: Vossische Zeitung vom 27.12.1932; zitiert nach Aly, Götz: Wilhelm Röpke gegen Volk und Führer. Liberale Kritik am nationalen Sozialismus; in: derselbe: Volk ohne Mitte: Die Deutschen zwischen Freiheitsangst und Kollektivismus. Frankfurt/M. 2015, S. 112. Aly notierte an dieser Stelle: „Wenige Wochen später traf die zum Staatsziel gewordene Intoleranz auch ihn."

Anmerkung 34 – Seite 14

Vgl. Röpke, Wilhelm: Epochenwende?; in: derselbe: Wirrnis und Wahrheit: Ausgewählte Aufsätze. Erlenbach-Zürich 1962, S. 105-124.

Sozusagen so gut wie parallel zum Vortrag „Epochenwechsel?" erschien im „Weltwirtschaftlichen Archiv" Röpkes Artikel „Die säkulare Bedeutung der Weltkrisis". In diesem Artikel analysierte der Ökonom Röpke beliebte Schlagworte und Feindbilder der „braunen" Totalitaristen, wie Arbeitslose, Autarkie, Protektionismus, Raum, Todfeind: Wirtschaftsliberalismus, Verdammung des

Freihandels und so fort auf ihre ökonomische Relevanz. Röpkes Fazit in diesem Artikel lautete, dass die Not der Millionen Arbeitslosen den Führern der „braunen" Horden nicht einen Deut schert und nur soweit interessiert, wie diese Not für die „braunen" Horden als politisches Kampfmittel dienlich gemacht werden kann; Röpke, Wilhelm: Die säkulare Bedeutung der Weltkrisis; in: derselbe: Wirrnis und Wahrheit: Ausgewählte Aufsätze. Erlenbach-Zürich 1962, S. 71-105. Die neuen Herren werden auch diesen Artikel als Kampfansage gewertet haben.

Anmerkung 35 – Seite 14

Siehe Röpke, Wilhelm: Grabrede auf Walter Troeltsch; in: derselbe: Marktwirtschaft ist nicht genug. Waltrop 2009, S. 37f.

Anmerkung 36 – Seite 15

Das, was Thomas Mann nur in seinem Tagebuch notierte (siehe Anmerkung 18), sprach Röpke öffentlich aus – Hut ab vor solcher Zivilcourage!

Ausführlich hierzu Hennecke, Hans Jörg: Wilhelm Röpke. Ein Leben in der Brandung. Stuttgart 2005, S 89-98.

Anmerkung 37 – Seite 16

Der oben genannte Vortrag „Epochenwende?" illustriert dies deutlich. Kurz und knapp leuchten hier die wichtigsten Kristalle von Röpkes Weltanschauung wie durch ein Brennglas verdichtet auf. Im Exil fächerte Röpke seine Sicht der Dinge ausführlich auf und analysierte diese in der Trilogie akkurat. Siehe Röpke, Wilhelm: Epochenwende?; in: derselbe: Wirrnis und Wahrheit: Ausgewählte Aufsätze. Erlenbach-Zürich 1962, S. 105-124.

Anmerkung 38 – Seite 16

Röpke, Wilhelm: Internationale Ordnung – heute. Bern 1979, 3. Auflage, S. 13-24.

Anmerkung 39 – Seite 17

So kulminieren die „preußischen Staatstugenden" des kollektivistischen Staatsverständnisses symbolisch schon im preußischen Fahneneidlied »Wer je auf die preußische Fahne schwört, hat nichts mehr, was ihm selber gehört« in einen „preußischen Sozialismus", vgl. Röpke, Wilhelm: Die deutsche Frage. Erlenbach-Zürich 1945, 2. vermehrte Auflage, S. 191-204. In der Bewertung Preußens war Röpke einig mit Ludwig von Mises; siehe dazu Mises, Ludwig von: Im Namen des Staates. Stuttgart 1978, insbesondere die ersten zwei Kapitel.

Nach Hayek (siehe Anmerkung 26) lag die Hinwendung Röpkes zur Marktwirtschaft und zum Liberalismus wesentlich darin begründet, dass auf Röpke, ihn (Hayek) und viele andere ihrer Altersgenossen das Buch „Die Gemeinwirtschaft" von Ludwig von Mises wie eine Erleuchtung wirkte. Dies betonte Hayek schon 1956, und zwar am 07.03.1956 beim Festbankett zu Ehren von Ludwig von Mises: *„Für keinen von uns, der das Buch (Die Gemeinwirtschaft) bei seiner Ersterscheinung las, konnte die Welt je wieder die gleiche sein wie vor der Lektüre. Wenn Röpke oder Robbins oder Ohlin – um nur einige mir Gleichaltrige zu erwähnen – hier neben mir stünden, so würden sie Ihnen genau dasselbe sagen."* Siehe Hayek, Friedrich August von: Zu Ehren von Ludwig von Mises; in: Mises, Margit von: Ludwig von Mises. Der Mensch und sein Werk. München 1981, S. 283. Neben Friedrich August von Hayek, Wilhelm Röpke, Bertil Ohlin oder Lionel Robbins können noch viele weitere Namen bekannter Ökonomen jener Generation aufgelistet werde, wie z. B. Martha Steffy Browne, Gottfried von Haberler, Helene Lieser-Berger, Fritz Machlup oder Oskar Morgenstern.

Dass Röpke sich ohne die Lektüre des Buches „Die Gemeinwirtschaft" anders entwickelt hätte, bestätigte Röpke selbst, er schrieb nämlich *„ich wäre ein ganz anderer Typ Nationalökonom und Mensch geworden, wenn ich nicht zufällig auf das Buch ‚Die Gemeinwirtschaft' gestoßen wäre"*; zitiert nach

Plickert, Philip: Wandlungen des Neoliberalismus. Stuttgart 2008, S. 54.

Anmerkung 40 – Seite 17

Röpkes Sprache ist oft durchsetzt mit medizinischen Ausdrücken: „Krise", „Diagnose", „Therapie" und mehr. Dies kommt nicht von ungefähr; denn Röpke kommt aus einer Arztfamilie. Sein Vater war der letzte in einer langen Reihe von Landärzten.

Alexander Rüstow [Rüstow, Alexander: Glückwunschadresse zu Wilhelm Röpkes sechzigstem Geburtstag; in: Hunold, Albert (Hg.): Gegen die Brandung. Erlenbach-Zürich 1959, S. 38] bescheinigte Röpke, die Krankheit der Gesellschaft korrekt zu diagnostizieren und gute Therapievorschläge in petto zu haben, Rüstow nannte Röpke symbolisch ehrenvoll einen „Medicus rei publicae" und einen „Medicus humanitatis".

Anmerkung 41 – Seite 17

Röpke, Wilhelm: Die Erziehung zur wirtschaftlichen Freiheit und die großen Entscheidungen der Gegenwart; in: derselbe: Marktwirtschaft ist nicht genug. Waltrop 2009, S. 327.

Freiheit als Prinzip! Dies unterscheidet Röpke grundlegend von vielen „Wirtschaftsliberalen", für welche (wirtschaftliche) Freiheit bloßer Zweck ist; nützlich, da die wirtschaftliche Freiheit der Marktwirtschaft einer Planwirtschaft überlegen ist. Derartige „Liberale" stellen, solange die ökonomischen Rahmenbedingungen scheinbar stimmen, gerne essentielle Freiheitsgrade zur Disposition.

Parallel dazu Hayek „..., *daß die Freiheit nur erhalten werden kann, wenn sie nicht bloß aus Gründen der erkennbaren Nützlichkeit im Einzelfalle, sondern als Grundprinzip verteidigt wird, das der Erreichung bestimmter Zwecke halber nicht durchbrochen werden darf.*" Siehe Hayek, Friedrich August von: Die Ursachen der ständigen Gefährdung der Freiheit; in: Böhm, Franz u. a. (Hg.): Ordo, Jahrbuch für die Ordnung von Wirtschaft und Gesellschaft, Band 12, Düsseldorf und München 1961, S. 105.

In einem Vortrag auf der 7. Tagung der Aktionsgemeinschaft Soziale Marktwirtschaft am 08.05.1957 in Bad Godesberg betonte Röpke, dass „*Marktwirtschaft eine notwendige, aber keine ausreichende Bedingung*" für den Erhalt der Freiheit ist. Röpke, Wilhelm: Marktwirtschaft ist nicht genug; in: derselbe: Wort und Wirkung. 1964, S. 138f. Als ob durch ein Brennglas gebündelt, verdeutlicht dieser Vortrag [Röpke, Wilhelm: Marktwirtschaft ist nicht genug; in: derselbe: Wort und Wirkung. 1964, S. 136-154] die wichtigen Themen Röpkes.

Anmerkung 42 – Seite 18
Schon beim bloßen Durchblättern und Querlesen der ersten beiden Bände der Trilogie (Die Gesellschaftskrisis der Gegenwart; Civitas Humana) und des Spätwerks (Jenseits von Angebot und Nachfrage; Torheiten der Zeit) springt

dem Leser diese unbeugsame Geisteshaltung Röpkes in die Augen – im Spätwerk auch sein Kulturpessimismus. Gerade wegen dieser Geisteshaltung wurde und wird Röpke von seinen Gegnern als konservativ und reaktionär betitelt. Solche Gegner kommen heutzutage regelmäßig aus dem Lager der „Kulturmarxisten", denen auch der Großteil der Salonliberalen zuzuordnen ist.

Aus dem Salon dieser Scheinliberalen wird Röpke auch vorgehalten, dass er nicht nur hoffnungslos altmodisch ist, sondern ebenfalls ungenießbaren Pessimismus verbreite – und Liberale sollten optimistisch sein. Dem Vorwurf des Pessimisten begegnete Schwarz in einer Buchbesprechung, wo er treffend anmerkte, dass gerade solche großen Liberalen, wie Jacob Burckhardt, John Stuart Mill und Alexis de Tocqueville ebenfalls große Pessimisten waren; siehe Schwarz, Gerhard: Müssen Liberale optimistisch sein? https://www.nzz.ch/feuilleton/muessen-liberaleoptimistisch-sein-ld.1450262.

Auch den Vorwurf des Altmodischen erörtere Schwarz, und zwar in einem Artikel zum 50. Todestag Röpkes. Das Thema von Schwarz ist hier Röpkes „wertkonservativer Liberalismus", der vielen Anfeindungen ausgesetzt war und ist. Zum Ende schreibt Schwarz: „Vielleicht erweist sich diese Einstellung (Röpkes) in einigen Jahrzehnten im Rückblick als unglaublich modern." Siehe Schwarz, Gerhard: Empörend, altmodisch und doch modern.

https://www.nzz.ch/wirtschaft/wirtschaftspolitik/wilhelm
-roepkes-liberale-mitte-empoerendaltmodisch-und-doch-
modern-ld.13591.

Habermann zählte einige der heutigen, prominenten und
populären Kulturpessimisten auf, er bedauert dabei, dass
diesen Kulturkritikern der „ökonomische Tiefgang" Röpkes
fehlt, vgl. Habermann, Gerd: Röpke als liberaler
Kulturkritiker; in: Bessard, Pierre: Wilhelm Röpke heute.
Zürich 2017, S. 90ff.

Schon Rüstow [Rüstow, Alexander: Glückwunsch-adresse zu
Wilhelm Röpkes sechzigstem Geburtstag; in: Hunold, Albert
(Hg.): Gegen die Brandung. Erlenbach-Zürich 1959, S. 35ff.]
hatte den Vorwurf „reaktionär" fein gekontert, indem er
diesen Vorwurf aufnahm, umkehrte und gekonnt unterlief.

Anmerkung 43 – Seite 18
Diese Werte beschwor auch Hayek 1984 in Paris in seiner
Rede vor der Mont Pèlerin Society. Zum Ende der Rede
sprach Hayek von „symbolischen Wahrheiten", die sich von
rational erfassten Wahrheiten unterscheiden. Diese
„symbolischen Wahrheiten" sind die Sitten und Traditionen
des christlichen Abendlandes, welche die moderne
Zivilisation schufen. Diese „symbolischen Wahrheiten"
begründeten den erfolgreichen Weg Europas von Barbarei
und Despotismus hin zu ziviler Freiheit, diese „symbolischen
Wahrheiten" haben – so Hayek – wieder zur Geltung
kommen. Siehe Hayek, Friedrich August von: Rede vor der

Mont Pèlerin Society am 09.03.1984, als PDF-Manuskript abgesichert.

Liberale, die Röpke ablehnen und/oder einfach nicht mögen, versuchen oftmals Hayek von Röpke abzugrenzen und werden nach meiner Einschätzung wahrscheinlich die Pariser Rede nicht kennen wollen – sprich: Durch die Einübung von „professioneller Ignoranz" und/oder dem „passioniertem Wahrnehmungsanalphabetentum" einfach nicht zur Kenntnis nehmen. Sie berufen sich dabei regelmäßig auf Hayeks Essay „Why I am not a Conservative", als Nachwort „Konservatismus und Liberalismus" aufgenommen in die deutsche Ausgabe von „Die Verfassung der Freiheit", Hayek, Friedrich August von: Konservatismus und Liberalismus; in: derselbe: Die Verfassung der Freiheit. Tübingen 1983, 2. Auflage, S. 481-497.

Kurt R. Leube war einer der engsten Schüler und darüber hinaus ein langjähriger, treuer Mitarbeiter Friedrich A. von Hayeks. Und Kurt R. Leube gab mir vor etlichen Jahren den dringenden Rat, nicht nur den o. g. Essay zu lesen. Er riet tunlichst dazu auch und ganz besonders den Artikel „Die Sprachverwirrung im politischen Denken" (enthalten in: Hayek, Friedrich August von: Freiburger Studien, Tübingen 1969, S. 206-231) zu lesen und zu studieren. Nur dann, wenn ich mich zwischen diesen beiden Eckpfeilern des Denkens Hayeks bewege, würde ich den richtigen Zugang zu Hayeks

Sozialphilosophie finden. Deswegen wage ich anzumerken, dass Hayeks Rede in Paris aus 1984 exakt in den durch die beiden Eckpfeiler limitierten Rahmen seiner Sozialphilosophie passt – und dass jene Liberalen, die Hayeks zweiten Eckpfeiler beiseite schieben, Hayek wahrscheinlich nicht korrekt interpretieren werden, bzw. nicht richtig interpretieren können.

Anmerkung 44 – Seite 18

Gemäß Schwarz hat Röpke den Ausdruck „spontane Ordnung" lange vor Hayek gebraucht; siehe Schwarz, Gerhard: Müssen Liberale optimistisch sein? https://www.nzz.ch/feuilleton/muessen-liberaleoptimistisch-sein-ld.1450262.

Anmerkung 45 – Seite 18

Röpke machte in seinen Publikationen keinen Hehl aus seinen Werturteilen. Dies, dass Röpke Max Webers Forderung der Werturteilsfreiheit der Sozialwissenschaften verletze, wird Röpke oft vorgeworfen, so z. B. von Elisabeth Schulte, Evelyn Korn und Tobias Müller: Wilhelm Röpke, der Ökonom; in: Conze, Eckart u. a. (Hg): Wilhelm Röpke, Wissenschaftler und Homo politicus zwischen Marburg, Exil und Nachkriegszeit. Marburg 2017, S. 71-93. Schulte, Korn und Müller thematisierten Röpke mit Blick auf die moderne, neoklassische Institutionenökonomik. Im Vergleich zu Röpke bewahre sich die moderne, neoklassische Institutionen-ökonomik – zu dieser zählen die drei sich – doch zumindest noch eine gewisse Art von Wertneutralität. Ohne nun im Detail auf die Vorwürfe der drei einzugehen, ist anzumerken, dass diese drei Neoklassiker sind, die – ohne es zu merken, sicher unbeabsichtigt und gänzlich ungewollt – in ihrem Textbeitrag relativ klar zeigen, weshalb für Röpke ein Überdehnen des Instrumentariums der neoklassischen Analyse ein rationalistischer Irrweg ist (siehe Anmerkung 46).

Auf dem Fundament seiner Werturteile errichtete Röpke sein Argumentationsgebäude. Dass Röpke seine Werturteile nicht unterschlug, macht gerade die Würze seiner Schriften aus. Habermann verteidigte dies richtig als „Die Legitimität des Werturteils", vgl. Habermann, Gerd: Röpke als liberaler Kulturkritiker; in: Bessard, Pierre: Wilhelm Röpke heute. Zürich 2017, S. 85f.

Außerdem sei eine Frage gestattet! Zeigte sich Max Weber in seinen Publikationen werturteilsfrei? Nach meinem Empfinden nicht! Dass Werk Max Webers ist voller Werturteile! Ein Beispiel: Max Weber beschwört unverhohlen eine Gemeinschaft von Kriegs- und Waffenbrüdern; erhebt den Krieg zur Basis der Verortung der nationalen Identität an und für sich, so dass für Max Weber der einzig sinnvolle Tod der Tod auf dem Schlachtfeld ist. Weber, Max: Wirtschaft und Gesellschaft – Grundriss der verstehenden Soziologie. Tübingen 1972, S. 217.

Anmerkung 46 – Seite 18

Ökonomie als Moralwissenschaft? Dem ist schwer zu widersprechen; denn Adam Smith – einer der Stammväter der Ökonomie als Wissenschaft – war an der Universität Glasgow von 1752 bis 1763 Professor der Moralphilosophie. Sein erstes Hauptwerk ist das Buch „Theorie der ethischen Gefühle", sein ökonomisches Hauptwerk ist das Buch „Der Wohlstand der Nationen". Diese beiden Werke ergänzen sich, sind als Einheit zu interpretieren. Adam Smith widersprach sich nicht selbst, wenn er das menschliche Handeln einmal von der Sympathie her ableitete und dann vom Eigeninteresse her analysierte. Daraus folgt, dass Ethik, Moral und Ökonomie schon bei einem der Stammväter der ökonomischen Wissenschaft im Zusammenhang geschaut wurden.

Röpke sah den Menschen an und für sich realistisch. Röpke verabsolutierte keineswegs die Figur des „homo oeconomicus", wie dies etliche Neoklassiker vorgeblich „werturteilsneutral" praktizieren. Diese Figur war für Röpke ein Erklärungskonzept aggregierten menschlichen Verhaltens; also eine methodologische Funktion der Wirtschaftswissenschaften. Röpke diente das Ideal des „homo oeconomicus" in der Wirtschaftstheorie dazu, elementare wirtschaftliche Zusammenhänge theoretisch durchsichtig und ohne praktische Unzulänglichkeiten zu beschreiben. Ein Überdehnen der Kunstfigur „homo oeconomicus", wie dies oftmals neoklassischen Ökonomen eigen war und ist, verwarf Röpke als einen „rationalistischen Irrweg" (z. B. Röpke, Wilhelm: Civitas humana. Bern 1979, 4. Auflage, S. 103; derselbe: Die Gesellschaftskrisis der Gegenwart. Bern 1979, 6. Auflage, S. 81-90 und S. 255-264; derselbe: Irrwege des Rationalismus; in: derselbe: Marktwirtschaft ist nicht genug. Waltrop 2009, S. 83-102). Der Mensch ist bei Röpke ein vielschichtiges und sehr differenziertes Wesen, das rational und irrational handelt, das egoistisch und mitleidig sein kann; kurz, dem Menschen sind neben egoistischen Zügen gleichfalls soziale, ethisch-moralische und religiöse Züge eigen, vgl. Röpke, Wilhelm: Jenseits von Angebot und Nachfrage. Bern 1979, 5. Auflage, S. 182.

Hotze fächerte das Menschenbild Röpkes ausführlich auf und diskutierte dies differenziert; bei Hotze wurde deutlich herausgearbeitet, dass Röpkes Menschenbild im christlichen und liberalen Gedankengut wurzelt; siehe Hotze, Andrea: Menschenbild und Ordnung der Sozialen Marktwirtschaft. Hamburg 2008, S. 115-190.

Zu: Ortsbestimmung

Anmerkung 47 – Seite 19

Röpke, Wilhelm: Die Gesellschaftskrisis der Gegenwart. Bern 1979, 6. Auflage, S. 10.

Anmerkung 48 – Seite 19

Röpke, Wilhelm: Epochenwende?; in: derselbe: Wirrnis und Wahrheit: Ausgewählte Aufsätze. Erlenbach-Zürich 1962, S. 115ff.

Anmerkung 49 – Seite 19

Was nun folgt, ist eine harte Zusammenfassung der wichtigsten Ausführungen Röpkes, also meine persönliche Interpretation Röpkes, vorzugsweise aus der Trilogie und den beiden Büchern des Spätwerks abgeleitet. Nichtsdestotrotz, natürlich entsprechend flankierend begleitet durch wichtige Artikel, Vorträge und Aufsätze Röpkes.

Anmerkung 50 – Seite 20

Anhand dieser beiden schönen Bezeichnungen – „Freiheit zu etwas" und „Freiheit von etwas" – entfalten sich neben Röpkes Sicht auf die Kultur, auch seine Analysen und seine glänzenden Prognosen. und Analyse sehr fein. Derartige Metaphern beflügeln Röpkes beißende Anklagen gegen die Barbarei, in Röpke, Wilhelm: Epochenwende?; in: derselbe: Wirrnis und Wahrheit: Ausgewählte Aufsätze. Erlenbach-Zürich 1962, S. 110.

Anmerkung 51 – Seite 20

Angelehnt an den Titel eines Buches von Kuehnelt-Leddihn, Erik von: Die falsch gestellten Weichen. Der Rote Faden 1789-1984. Wien 1985. Während Kuehnelt-Leddihn in seinen Schriften (z. B. in Kuehnelt-Leddihn, Erik von: Gleichheit oder Freiheit?: Demokratie – ein babylonischer Turmbau? Hohenrain 1985) seine Sympathien für den strukturkonservativen Reaktionär Joseph de Maistre nicht verbarg, lehnte Röpke Joseph de Maistre rundweg ab, siehe Röpke, Wilhelm: Die Gesellschaftskrisis der Gegenwart. Bern 1979, 6. Auflage, S. 69 und S. 122.

Näher stehen Röpkes Analysen zu den Auswirkungen der Revolution dem Monarchisten Louis de Bonald, der genau das war, was Joseph de Maistre nicht war. Umfassend zu den Arbeiten Louis de Bonalds siehe Spaemann, Robert: Der Ursprung der Soziologie aus dem Geist der Restauration. Stuttgart 1998; Röpkes selbst bezieht sich in „Die Gesellschaftskrisis der Gegenwart" dreimal auf Louis de Bonald.

Anmerkung 52 – Seite 20

Die Vorgehensweise „ex negativo" wird Röpke zuweilen vorgeworfen. Röpke liefere kein eigenständiges Modell über die Entstehung von Staat und Gesellschaft, sondern Röpkes Ideal erkläre sich nur durch die negative Kritik an Staat und Gesellschaft. Gerade durch dieses Vorgehen serviere Röpke selbst den Feinden des Liberalismus entscheidende Argumente gegen eine liberale Gesellschaft; vgl. z. B. Schweizer, Joerg E.: Zu Biographie und Werk von Wilhelm Röpke. Oder: Die brennende Krise der Gegenwart. München 2010, S. 62f.

Nach meiner Einschätzung geht diese Kritik fehl und verkennt Röpkes Intention! Eine echte menschliche Gesellschaft kann nach Röpke nur nach dem natürlichen Bilde des Menschen organisch wachsen und gedeihen. Eine organisierte, konstruierte Gesellschaftsordnung, die wie der Plan zu einer Maschine am Reißbrett des Ingenieurs entsteht, wurde von Röpke abgelehnt, siehe Röpke, Wilhelm: Die Gesellschaftskrisis der Gegenwart. Bern 1979, 6. Auflage, S. 255ff.

In diesem Rahmen lassen sich wichtige Parallelen zwischen Röpke und Hayek aufzeigen, siehe z. B. Hayek, Friedrich August von: Die Irrtümer des Konstruktivismus und die Grundlagen legitimer Kritik gesellschaftlicher Gebilde; in: derselbe: Die Anmaßung von Wissen. Tübingen 1996, S. 16-36.

Anmerkung 53 – Seite 20

Mit Louis de Bonald war Röpke der Meinung, *„daß die Literatur der Ausdruck der Gesellschaft von heute und die Schöpferin derjenigen von morgen ist und daß die Ideen die wahren Weltherrscher sind."* Röpke, Wilhelm: Die Gesellschaftskrisis der Gegenwart. Bern 1979, 6. Auflage, S. 69.

Ähnlich auch Hayek, der anmerkte, dass „Regierung also nur durch die Meinung begründet" wird und weiter zitierte Hayek ein Flugblatt aus 1641 „Die Welt wird von Meinungen regiert und beherrscht", siehe Hayek, Friedrich August von: Die Sprachverwirrung im politischen Denken; in: derselbe: Freiburger Studien, Tübingen 1969, S. 217, Fußnote 10.

Daraus folgt jedoch ziemlich eindeutig, dass diejenigen Ideen, die das Feuilleton und die Unterhaltungsmedien beherrschen, die Meinungen der Masse des Volkes prägen und folglich große Chancen haben, die Welt zu beherrschen.

Die guten Seiten des 19. Jahrhunderts (dieses Jahrhundert verglich Röpke mit einem schönen, warmen, langen Sonnentag, in dessen Abendrot er noch die Gnade hatte hineingeboren zu werden) bedingen sich folglich für Röpke in den guten, wichtigen und richtigen Ideen des 18. Jahrhunderts, während die Verwerfungen und der Barbarismus des „verdammten 20. Jahrhunderts" im Ausleben der irrigen Ideen der „falsch gestellten Weichen" der französischen Revolution wurzeln.

Röpke wollte mit literarischem Anspruch für eine gute Gesellschaft freier Menschen fechten. Wie Mises (Mises, Ludwig von: Vom Wert der besseren Ideen. Stuttgart 1983) war auch Röpke der Meinung, dass man literarisch-publizistisch um die Köpfe kämpfen und gegen den „Verrat der Intellektuellen" zu fechten hat; „Der Verrat der Intellektuellen", dieser – von Röpke übernommene –

treffende Ausdruck stammt von Benda, Julien: Der Verrat der Intellektuellen. München 1978.

Anmerkung 54 – Seite 20

Böse und spitz formuliert umfasst die Forderung nach „Freiheit von etwas" schlussendlich auch die Forderung nach der „Freiheit von der Freiheit"!

Anmerkung 55 – Seite 20

Röpke, Wilhelm: Civitas humana. Bern 1979, 4. Auflage, dritter Teil, erstes Kapitel: Vermassung und Proletarisierung und derselbe: Jenseits von Angebot und Nachfrage. Bern 1979, 5. Auflage; dort spricht Röpke vom „exzentrischen, traditionsgelösten Individualismus" (S. 101), „Vermassung und Individualismus gehen im Gegenteil beide Hand in Hand" (S. 109) und in der Anmerkung 19 (S. 220f.) benennt Röpke als mitverantwortlich für den falschen Individualismus die französischen Aufklärungsphilosophen Claude Adrien Helvétius, Paul-Henri Thiry d'Holbach, Julien Off ray de Lamettrie und Jean-Baptiste D'Alembert, deren konsequent materialistisches Menschenbild in Marx und Engels ihre Ausläufer findet. Ein falscher Individualismus zeigte sich für Röpke vor allem in einer allgemeinen Kulturversteppung durch die Uniformierung und Ideologisierung von Geschmack, Mode und kulturellem Leben. Röpke, Wilhelm: Jenseits von Angebot und Nachfrage. Bern 1979, 5. Auflage, S. 247f.

Den falschen Individualismus analysierte treffend Hayek, vgl. Hayek, Friedrich August von: Wahrer und falscher Individualismus; in: derselbe: Individualismus und wirtschaftliche Ordnung. Salzburg 1976, S. 9-48.

Anmerkung 56 – Seite 21

Die Urzelle eines jeden Gemeinwesen ist die Familie, für tatsächliche Liberale ist die Familie folglich die Keimzelle einer guten und freien Gesellschaft: *„Familie als Grundlage der Kulturweitergabe"* (Kromka, Franz: Markt und Moral: Neuentdeckung der Gründerväter. Grevenbroich 2008 S. 110).

Gerade in funktionierenden Familien sahen und sehen genau wie Röpke auch andere Liberale, wie von Hayek, Václav Klaus oder Lord Acton, eine wertvolle Institution, weil Eltern die Kinder auf ein gutes Leben besser vorbereiten können als jede staatliche Institution. Václav Klaus z. B. sagte: *„Die Familie ist die ursprüngliche und natürliche Institution, welche dem Menschen Liebe und Gefühl vermittelt und die seine Beziehungen zur Umgebung formiert. Sie lehrt ihn moralische Gefühle und grundlegende menschliche Werte. Sie unterdrückt seine angeborene Selbstsucht und prägt ihm Sinn für Pflicht und Verantwortung zum Nächsten ein."* Lord Acton meinte in diesem Zusammenhang über den Menschen: *„Je höher das Gefühl für Verantwortung und Pflichtbewusstsein ist, desto mehr ist er frei."* Die Zitate sind entnommen aus Kromka, Franz: Markt und Moral: Neuentdeckung der Gründerväter. Grevenbroich 2008 S. 111f.

Die Bedeutung der Familie als echte Gemeinschaft analysierte der Soziologe Kromka ganz im Sinne Röpkes, siehe Kromka, Franz: Markt und Moral: Neuentdeckung der Gründerväter. Grevenbroich 2008 S. 110-136.

Anmerkung 57 – Seite 21
Röpke, Wilhelm: Torheiten der Zeit. Nürnberg 1966, S. 37-65. In den beiden Kapiteln „Verwurzelung" und „Heimat, Nation und Welt" gelingen Röpke wunderbare Bilder, welche den utopischen Futurismus der entwurzelten Fortschrittlichen entzaubern.

Anmerkung 58 – Seite 21
Ausführlich dazu Röpke, Wilhelm: Civitas Humana. Bern 1979, 4. Auflage, S. 103-167.

Anmerkung 59 – Seite 21
Vgl. Röpke, Wilhelm: Epochenwende?; in: derselbe: Wirrnis und Wahrheit: Ausgewählte Aufsätze. Erlenbach-Zürich 1962, S. 114, dort streifte Röpke kurz die Eugeniker.

Zu welchen Ungeheuerlichkeiten der Umgang mit „unnützen Menschen" unter Nutzengesichtspunkten führen musste, wurde durch Gilbert Keith Chesterton schon früh prognostiziert. 1922 erschien sein Essay „Eugenics and Other Evils", auf deutsch erstmals als „Eugenik und andere Übel" 2014 erschienen. Chesterton war schon 1908 in seinem Essay „Orthodoxy" (deutsch Orthodoxie. Frankfurt/M. 2001, S. 37ff.) der Meinung, dass die moderne Gesellschaft im Omnibus mit Ziel Endstation Hanwell fährt (Hanwell war damals eine der „fortschrittlichsten" psychiatrischen Anstalten Englands).

War Chesterton im Unrecht? Oder fährt auch die heutige Gesellschaft schon wieder oder vielleicht noch immer in Richtung Hanwell?

So schrieb 1924 der sozialistische Politiker und Arzt Julius Tandler: „Welchen Aufwand übrigens die Staaten für völlig lebensunwertes Leben leisten müssen, ist zum Beispiel daraus zu ersehen, daß die 30.000 Vollidioten Deutschlands diesem Staat zwei Milliarden Friedensmark kosten. Bei der Kenntnis solcher Zahlen gewinnt das Problem der Vernichtung lebensunwerten Lebens an Aktualität und Bedeutung. Gewiß, es sind ethische, es sind humanitäre oder fälschlich humanitäre Gründe, welche dagegen sprechen, aber schließlich und endlich wird auch die Idee, daß man lebensunwertes Leben opfern müsse, um lebenswertes zu erhalten, immer mehr und mehr ins Volksbewußtsein dringen."

Schwarz versuchte Tandlers Vokabular, welches der Wortschatz der radikalen „Rassenhygiene" war, als zeit-bedingt abzumildern und Tandler, trotz dessen Pro-Eugenik-Sympathien, als Humanisten zu zeichnen. Nichtsdestotrotz kam auch Schwarz nicht daran vorbei zuzugeben, dass Tandler im Rahmen seiner bevölkerungspolitischen Aussagen häufig von „Minusvarianten", „Minderwertigen", „Parasiten", „Schmarotzern" etc. sprach; mehr dazu siehe

Schwarz, Peter: Julius Tandler. Zwischen Humanismus und Eugenik. Wien 2017.

Trotz Tandlers Ansichten zum „völlig lebensunwerten Leben" entblödet sich der Magistrat der Stadt Wien keineswegs und verleiht seit 1960 eine „Julius-Tandler-Medaille", um Menschen zu würdigen und zu ehren, *„die sich durch ihre uneigennützige und aufopfernde Tätigkeit um das Wohl der Mitmenschen besonders verdient gemacht haben."* Wohlan, Chesterton war ein kluger Mann!

Chesterton war ein Lieblingsautor Röpkes; Röpke, Eva (Hg.): Wilhelm Röpke Briefe. Der innere Kompass 1934-1966. Zürich 1976, S. 93.

Anmerkung 60 – Seite 21
In den „Torheiten der Zeit" griff Röpke den Szientismus scharf an, bescheinigte dessen – oft technisch-naturwissenschaftliche – Protagonisten eine aus *„spezialistischer Gescheitheit"* sprießende universelle Dummheit, aus der heraus jene Protagonisten nicht mehr fähig sind *„zwischen Gut und Böse, Humanem und Inhumanem, Schönem und Häßlichem und allen anderen Polen der Werte"* unterscheiden zu können. Als Kronzeugen für diese Sicht der Dinge beruft sich der Geisteswissenschaftler Röpke zustimmend auf den bekannten Physikprofessor Walter Heitler und dessen Buch «Der Mensch und die naturwissenschaftliche Erkenntnis (Braunschweig 1962, 2. Auflage)». Siehe Röpke, Wilhelm: Torheiten der Zeit.

Nürnberg 1966, S. 113-123, für die Zitate siehe S. 115 und S. 121.

Siehe dazu auch die Analyse zum Szientismus durch Hayek, Friedrich August von: Missbrauch und Verfall der Vernunft. Salzburg 1979.

Anmerkung 61 – Seite 21
Vgl. Röpke, Wilhelm: Die Gesellschaftskrisis der Gegenwart. Bern 1979, 6. Auflage S. 103-118.

Röpke gelingen dort feine Bilder, wie z. B. auf S. 110: *„Der Kult des Kolossalen bedeutet den Kniefall vor dem bloß »Großen« als hinreichenden Ausweis des Besseren und Wertvolleren, die Verachtung des äußerlich Kleinen aber innerlich Großen, dem Kult der Macht und der Einheit, die Bevorzugung des Superlativistischen in allen Bereichen des Kulturlebens, ja sogar im sprachlichen Ausdruck. Erst seit Napoleon beginnt das Beiwort »groß« verräterisch in Ausdrücken wie »Große Armee«, »Großherzöge«, »Großer Generalstab«, »Großmächte« aufzutauchen."* In seinem letzten Buch nahm Röpke den „Kult des Kolossalen" nochmals aufs Korn: *„In der Tat zeigt nichts eindrucksvoller als das deutsche Beispiel, daß der Kult des wirtschaftlichen »Wachstums«, der »Produktivität« und der Kolossalität mit allen Maßlosigkeiten und Widernatürlichkeiten, die damit einhergehen, ein wahrer Götzenkult werden kann, dem ein Land Glück und Behagen opfert."* Röpke, Wilhelm: Torheiten der Zeit. Nürnberg 1966, S. 21.

Anmerkung 62 – Seite 22

Röpke, Wilhelm: Die Gesellschaftskrisis der Gegenwart. Bern 1979, 6. Auflage S. 110f., Röpke zeigte dort die Absurdität des uferlosen Größenrauschs, der nicht mehr unterscheiden kann zwischen Qualität und bloßer Quantität. Schon vorher auf der S. 24 sprach Röpke von dem Problem der „Verklumpung" der Gesellschaft, ein Bild, welches er an vielen anderen Stellen seines Werks gebrauchte. Die Individuen verklumpen zu „strukturlosen und amorphen Massengebilden."

Anmerkung 63 – Seite 22

Schon in seinem überaus erfolgreichem Lehrbuch „Die Lehre von der Wirtschaft" (Bern 1979, 12. Auflage) setzte sich Röpke mit den verschiedenen kollektivistischen Spielarten auseinander. Diese Auseinandersetzung tangiert und durchzieht alle Kapitel des Buches, als Beispiel sei hier verwiesen auf S. 309-319 im letzten Kapitel des Buches. Die Analysen des Lehrbuches bildeten die Grundlage für Röpkes Argumente gegen den Kollektivismus in der Trilogie und im Spätwerk.

Das Lehrbuch „Die Lehre von der Wirtschaft" schrieb Röpke, weil er sich selbst als Student ein elementares Lehrbuch als Einführung in die Ökonomie gewünscht hätte (S. XXXVII). Mit diesem Lehrbuch ist Röpke tatsächlich eine elementare und nach meinem Empfinden zeitlose Einführung in das Thema „Wirtschaft tatsächlich verstehen" gelungen. Dieses

Lehrbuch ist dem ökonomischen Laien, der an Ökonomie interessiert ist, als Lektüre zu empfehlen; außerdem auch dem Nachwuchs, wenn dieser mit dem Gedanken spielt Ökonomie zu studieren, und zwar als Lektüre vor Beginn des Studiums.

Anmerkung 64 – Seite 22

Der Protektionismus, also die Erschwernis des Außenhandels z. B. durch Schutzzölle, wurde von Röpke als Minderung der allgemeinen Wohlstandsmehrung verworfen. Schutzzölle nutzen nur wenigen Interessengruppen und gehen zu Lasten der übrigen Bevölkerungsteile. In seinem Lehrbuch „Die Lehre von der Wirtschaft" (Bern 1979, 12. Auflage) behandelte Röpke die (nationale) Arbeitsteilung (S. 66-112), die eine Steigerung der individuellen und allgemeinen Wohlfahrt bewirkt. Übertragen auf den Außenhandel, gilt dies auch für die internationale Arbeitsteilung (S. 227-235). Deshalb ist es nicht verwunderlich, dass Röpke in der Trilogie (insbesondere in „Internationale Ordnung – heute") und auch im Spätwerk ein konsequenter Verteidiger des Freihandelsgedankens war und protektionistische Maßnahmen, egal hinter welcher Tarnkappe versteckt, ablehnte.

Anmerkung 65 – Seite 22

Anschaulich nachverfolgen lässt sich die Kritik am Wohlfahrtsstaat anhand eines Artikels aus 1955, siehe Röpke, Wilhelm: Der Wohlfahrtsstaat im Kreuzfeuer der Kritik; in:

derselbe: Marktwirtschaft ist nicht genug. Waltrop 2009, S. 289-302. Schon früher – derselbe: Die Gesellschaftskrisis der Gegenwart. Bern 1979, 6. Auflage, S. 264-267 – analysierte Röpke die „soziale Betreuung" und warnte vor den Folgen einer „komfortablen Stallfütterung" (S. 267) der Untertanen.

Eine verheerende Folge ist, dass im Wohlfahrtsstaat „an die Stelle echten Mitgefühls der Neid als das beherrschende Motiv" tritt; siehe Röpke, Wilhelm: Jenseits von Angebot und Nachfrage. Bern 1979, 5. Auflage, Zitat S. 232; auf S. 229 zitiert Röpke als Warnung mahnende Worte von Lionel Robbins „*Eine freie Gesellschaft kann nicht auf Neid gegründet werden.*"

Zum Problem der destruktiven Wirkungen des Neides sei verwiesen auf die gründliche Analyse durch Schoeck, Helmut: Der Neid. Die Urgeschichte des Bösen. München 1980.

Die Praxis des demokratischen Wohlfahrtsstaats bedeutete für Röpke eine direkte Gefahr für den Respekt vor dem legitimen Eigentum mittels „*Raub durch den Stimmzettel*", dessen Maßlosigkeit die Freiheitsgrade und die Eigentumsrechte stetig aushöhlt, gerade zum Schaden jener Bevölkerungsgruppen, mit denen es die Demagogen des Wohlfahrtsstaats doch scheinbar so gut meinen – doch gut gemeint ist in der Regel im Ergebnis das Gegenteil von gut. Die „Sozialdemagogen" des Wohlfahrtsstaates sind demzufolge diejenigen, welche die individuelle und allgemeine Wohlfahrt zerstören. Wohlfahrtsstaatliche Auswüchse zersetzen die Brüderlichkeit; denn diese vollzieht sich freiwillig und spontan – nicht durch staatlichen Befehl. Röpke, Wilhelm: Jenseits von Angebot und Nachfrage. Bern 1979, 5. Auflage, Kapitel 4, zum Zitat siehe S. 228. Röpke sah, dass Frédéric Bastiats „boshafte Definition" vom Staat zur Realität wird, S. 248 [Bastiats Definition siehe S. 58: „(L'État, c'est la) grande fiction à travers laquelle tout le monde s'efforce de vivre aux dépens de tout le monde" [(Der Staat ist die) große Fiktion, nach der sich jedermann bemüht, auf Kosten jedermanns zu leben].

Der Rechtsphilosoph, Staats- und Verwaltungsjurist Ernst-Wolfgang Böckenförde (Rechtsprofessor und Verfassungsrichter) vermerkte zu diesem Problem des Staats: *„Der freiheitliche, säkularisierte Staat lebt von Voraussetzungen, die er selbst nicht garantieren kann. Das ist das große Wagnis, das er, um der Freiheit willen, eingegangen ist. Als freiheitlicher Staat kann er einerseits nur bestehen, wenn sich die Freiheit, die er seinen Bürgern gewährt, von innen her, aus der moralischen Substanz des einzelnen und der Homogenität der Gesellschaft, reguliert. Anderseits kann er diese inneren Regulierungskräfte nicht von sich aus, das heißt mit den Mitteln des Rechtszwanges und autoritativen Gebots zu garantieren suchen, ohne seine Freiheitlichkeit aufzugeben und – auf säkularisierter Ebene – in jenen Totalitätsanspruch zurückzufallen, aus dem er in den konfessionellen Bürgerkriegen herausgeführt hat."* Böckenförde, Ernst-Wolfgang: Staat, Gesellschaft, Freiheit. 1976, S. 60.

Anmerkung 66 – Seite 22

Vgl. Röpke, Wilhelm: Die Gesellschaftskrisis der Gegenwart. Bern 1979, 6. Auflage S. 103-118. Siehe auch Röpke, Wilhelm: Kollektivistische und marktwirtschaftliche Austerity; in: Albert Hunold (Hg.): Gegen die Brandung. Erlenbach-Zürich 1959, S 246-256. Sozialismus ist ein „gemeinschaftssprengendes Prinzip", Röpke, Wilhelm: Grundfragen der Europäischen Wirtschaftsunion; in: derselbe: Marktwirtschaft ist nicht genug. Waltrop 2009, S. 219.

Es wird hier nicht zwischen dem „internationalen" und dem „nationalen" Sozialismus unterschieden, beides ist Sozialismus. Kronzeugen hierfür sind z. B. Gunnar und Alva Myrdal – beide erhielten einen Nobelpreis und sie waren das sozialistische Vorzeigeehepaar Schwedens. Das Ehepaar Myrdal schwärmte im Anschluss einer Reise durch das „braune" Deutschland Mitte der 1930er Jahre geradezu vom sozialistischen Fortschritt Deutschlands unter der „Hitler-Barbarei"; die Quellen hierzu siehe Schüßlburner, Josef: Roter, brauner und grüner Sozialismus. Grevenbroich 2008.

Außerdem, die politische Praxis der SED machte auch deutlich, dass eine Unterscheidung zwischen „nationalem" und „internationalem" Sozialismus unnötig ist; denn mit Beschluss vom 15.06.1946 öffnete die SED ehemaligen NSDAP-Mitgliedern den Weg in die SED. „Nur »un- oder minderbelasteten«, versteht sich. Aber dazu gehörten die allermeisten. ... Fortan konnten nationale Sozialisten sanft in den volksdemokratischen Sozialismus hinübergleiten." Aly, Götz: Einleitung. Fretwurst der Deutsche; in: derselbe: Volk ohne Mitte: Die Deutschen zwischen Freiheitsangst und Kollektivismus. Frankfurt/M. 2015, S. 7.

Röpkes Bücher „Die Gesellschaftskrisis der Gegenwart" und „Civitas Humana" wurden im Exil geschrieben. Er war in der Schweiz Gast und die dortige Fremdenpolizei verlangte, dass er nicht gegen Hitler-Deutschland polemisierte. Außerdem hatte Röpke auf die in Deutschland lebenden Verwandten Rücksicht zu nehmen, da die „braunen" Totalitaristen ihre Wut, wenn sie den eigentlichen Gegner nicht fassen konnten, an den Familienmitgliedern solcher Gegner ausließen – Stichwort „Sippenhaft". Nichtsdestotrotz, die beiden genannten Bücher sind volle Breitseiten gegen die „Hitler-Barbarei", auch wenn Röpke die Ausdrücke „Nationalsozialismus", „Hitler-Deutschland" usw. vermied. Er schrieb sozusagen zwischen den Zeilen, den Kommunismus konnte er klar benennen, doch wo er von „Kollektivismus", „Sozialismus" oder „Tyrannis" sprach, war immer auch und ganz besonders „Hitler-Deutschland" gemeint. Dies erkannten die Barbaren im Berliner Reichssicherheitshauptamt ebenfalls. „Die Gesellschaftskrisis der Gegenwart" kam umgehend nach Erscheinen auf den Index und es wurde ein Ausbürgerungsverfahren gegen Röpke eingeleitet. Als Begründungen galten unter anderem seine «extrem humanistisch-weltbürgerliche» Einstellung und seine Beschimpfungen herausragender deutsch-nationaler

Leitfiguren wie die Person Bismarck; Aly, Götz: Wilhelm Röpke gegen Volk und Führer. Liberale Kritik am nationalen Sozialismus; in: derselbe: Volk ohne Mitte: Die Deutschen zwischen Freiheitsangst und Kollektivismus. Frankfurt/M. 2015, S. 109f.

Röpke machte auch deutlich klar, dass die kollektivistischen Systeme, ob in den totalitären Varianten Stalins, Hitlers und Mussolinis oder in der milden Variante des „demokratischen" Sozialismus, sowieso nur als nationaler Kollektivismus möglich sind – folglich immer zum nationalen Sozialismus hin tendieren werden; Röpke, Wilhelm: Maß und Mitte. Zürich 1950; S. 122f.

Anmerkung 67 – Seite 22
Den Faschismus an und für sich behandelte Röpke nicht ausführlich. Vielmehr ziehen sich – sozusagen im Vorbeigehen gemachte – bissige, spöttische Bemerkungen zum italienischen Faschismus durch Röpkes Werk. Dass Röpke dieses System ablehnte und mit Kollektivismus verband, ist klar: Das Wirtschaftssystem des italienischen Faschismus war der Korporatismus, in Röpkes Ausführungen zum Korporatismus bekam dieser schlechte Noten – und Röpke vermerkte direkt im Anschluss daran, dass der Kollektivismus der Fluch des Abendlandes ist. Siehe Röpke, Wilhelm: Die Gesellschaftskrisis der Gegenwart. Bern 1979, 6. Auflage, S. 151-156.

Anmerkung 68 – Seite 22

Vgl. Röpke, Wilhelm: Die Gesellschaftskrisis der Gegenwart. Bern 1979, 6. Auflage S. 103-118. Siehe auch Röpke, Wilhelm: Kollektivistische und marktwirtschaftliche Austerity; in: Albert Hunold (Hg.): Gegen die Brandung. Erlenbach-Zürich 1959, S 246-256.

Ergänzend dazu Hahn, Roland: Wilhelm Röpke. Sankt Augustin 1997, S. 25-28, Hahn fasst dort das ganze Bündel „Proletarisierung – Vermassung – Kollektivismus – Sozialismus" gut verdichtet zusammen.

Anmerkung 69 – Seite 22

Solche Intellektuellen wurden von Fjodor Michailowitsch Dostojewski im Roman „Die Dämonen" (Stuttgart 1971) trefflich porträtiert, nämlich – wie der Titel schon sagt – als Dämonen!

Zu: Die Chancen der „Freiheit zu etwas"

Anmerkung 70 – Seite 22

Dutzende Male bezog Röpke sich zustimmend in der Trilogie und im Spätwerk auf die Denker in der Tradition der „Old Whigs", wie z. B. auf Lord Acton, Edmund Burke, David Hume, Thomas Babington Macaulay oder Adam Smith. Röpke nahm deren Ideen auf, erörterte diese und nahm Gedanken an, die seine (Röpkes) Argumente stärkten.

Hier finden sich wieder Parallelen zu Hayek. Auch Hayek fühlte sich den „Old Whigs" verbunden und nicht dem konstruktivistischen Aufklärungszweig Kontinentaleuropas. Dies belegt ein flüchtiges Durchblättern der Werke Hayeks, so z. B. illustrieren dies seine Aufsätze „Die Ergebnisse menschlichen Handels, aber nicht menschlichen Entwurfs" und „Grundsätze einer liberalen Gesellschaftsordnung", enthalten in Hayek, Friedrich August von: Freiburger Studien, Tübingen 1969, S. 97-125.

Anmerkung 71 – Seite 23
Razeen Sally, zitiert nach Aktionsgemeinschaft Soziale Marktwirtschaft e.V.: Broschüre Wilhelm Röpke. https://www.aufbaubank.de/Download/Broschuere-Wilhelm-Roepke.pdf S.33.

Der Ausdruck „Liberalismus von unten" trifft es korrekt und ist schlüssig; denn so trug Peukert vor, dass Röpkes Anthropologie den Menschen vierfach verwurzelt sieht: Bindung an die Gemeinschaft – Bindung zur Natur – Beziehung zum Eigentum – Beziehung zur Überlieferung, zur Geschichte. Peukert vermerkte weiter, dass daraus in Kombination mit Röpkes liberalem und christlichem Ethos das Gedankengebäude einer *„eigensinnigen Gewaltenteilung"* des Liberalismus resultiert, *„dessen Gelingen für ihn von den sich gegenseitig kontrollierenden, begrenzenden und anregenden Ebenen und Kräften abhängt"*; Peukert, Helge: Wilhelm Röpke (1899-1966); in: Conze, Eckart u. a. (Hg): Wilhelm Röpke,

Wissenschaftler und Homo politicus zwischen Marburg, Exil und Nachkriegszeit. Marburg 2017, S. 16.

Anmerkung 72 – Seite 23

Hier hakt vielfach auch die Kritik gegen Röpke aus dem liberalen Lager ein. Pure Wirtschaftsliberale verwerfen diese Punkte regelmäßig als „Sozialromantik", die keinen Platz in der wissenschaftlichen Ökonomie habe. Wirtschaftsliberale haben in der Regel meist noch gewisse wirtschaftstheoretische Schnittmengen mit Röpke; die Salonliberalen – in der Regel als Anhänger eines bedingungslosen und vorbehaltlosen Relativismus – kaum bis gar nicht. Salonliberale, die regelmäßig dem „kulturmarxistischen" Umfeld zuzuordnen sind, üben sich in vielfach beißender und hämischer Kritik, oft ist solche Kritik in scheinbar wohlwollende Worte verpackt – und gerade dann wirken die Formulierungen wie ein vorsätzliches Versprühen von überzuckertem, aber reinem Gift.

Zum Liberalismus und Relativismus vgl. Rhonheimer, Martin: Der Liberale ist kein Relativist, sondern ringt mit der Wahrheit. Er ist hart in der Sache, aber respektvoll gegenüber der Freiheit anderer; https://www.nzz.ch/feuilleton/dem-liberalen-sind-toleranz-und-gleichgueltigkeit-zweierleidinge-ld.1450047.

Dinge, die einer großen Masse jener „Modernen" als antiquiert, überholt und lächerlich erscheinen, die von Röpke wortgewaltig verteidigt wurden – z. B. Heimat, einfache

Lebensfreude, Familie – werden jedoch inzwischen durch die allgemeine Verhaltensforschung und teilweise auch von der heutigen Institutionenökonomie gestützt. Vgl. dazu Habermann, Gerd: Röpke als liberaler Kulturkritiker; in: Bessard, Pierre: Wilhelm Röpke heute. Zürich 2017, S. 85f., S. 90 und derselbe: Wilhelm Röpke: ein Liberaler fordert heraus; in: Schweizer Monatshefte, Heft 12, 2000, S. 23f. https://www.e-periodica.ch/cntmng?pid=smh-002:2000:80::642. Siehe auch Peukert, Helge: Wilhelm Röpke (1899-1966); in: Conze, Eckart u. a. (Hg): Wilhelm Röpke, Wissenschaftler und Homo politicus zwischen Marburg, Exil und Nachkriegszeit. Marburg 2017, S. 19. Peukert merkt dort an, dass Röpkes Themen die Themen sind, wofür heute Verhaltensökonomen, welche die anthropologische Komponente in der Ökonomie zum Forschungsgegenstand haben, mit dem Nobelpreis geehrt werden. Frage: Sind vielleicht die „kulturmarxistischen", modernen „Salonliberalen" nicht auf der Höhe der Zeit? Möglich, vielleicht sogar wahrscheinlich, denn so zeigen z. B. Renner und Grossekettler, dass das Ideengebäude der deutschen Ordoliberalen der Nachkriegszeit (zu diesen rechnen beide auch Röpke) als Vorläufer dessen zu sehen ist, was heutzutage unter den Labels „New Institutional Economics", „Constitutional Political Economics" und „Law and Economics" firmiert und reüssiert. Genau die Themen, die Röpke insbesondere im Spätwerk bearbeitet hat, wurden durch diese Schulen ins ökonomische Theoriegebäude integriert, so dass Röpkes

Arbeiten – aber auch z. B. die Ideen des Rechtsprofessors Franz Böhm und anderer Ordoliberaler – ohne große Umstände für jene Schulen nutzbar gemacht werden können. Vgl. Renner, Andreas: Jenseits von Kommunitarismus und Neoliberalismus. Grafschaft 2002, S. 26ff. und Grossekettler, Heinz: Die Wirtschaftsordnung als Gestaltungsaufgabe. Münster 1997, S. 91f. und besonders das komplette 4. Kapitel.

Man werfe auch mehr als einen Blick in die Wilhelm-Röpke-Vorlesungen (siehe die Übersicht https://www.asm-ev.de/WRF_Wilhelm_Roepke_Vorlesung.html), die seit 2007 jeweils im Februar eines Jahres am „Wilhelm-Röpke-Institut" gehalten werden. Bei der Lektüre ist es – trotz aller feinen Formulierungen – leicht zu erkennen, ob die Vortragenden den Freunden oder doch eher den [wohlwollenden, (spöttischen)] Gegnern (Feinden) Röpkes zuzuordnen sind.

Anmerkung 73 – Seite 23
Röpke, Wilhelm: Maß und Mitte. Zürich 1950, Kapitel I, S. 9-34; Röpke fächerte hier die Fehler und den Niedergang des „alten" Liberalismus auf, nebst dem, was am Kulturideal der Freiheitsidee unvergänglich ist.

Anmerkung 74 – Seite 23
Röpke, Wilhelm: Die Gesellschaftskrisis der Gegenwart. Bern 1979, 6. Auflage, S. 284-405 und derselbe: Civitas humana. Bern 1979, 4. Auflage, das im Text gezeichnete Motiv tangiert und durchzieht alle Kapitel des Buches.

Schon 1932 zeichnete Alexander Rüstow auf der Tagung des „Vereins für Socialpolitik" in Dresden den Grundriss des neuen Liberalismus, für den er und seine Freunde fochten: *„Der neue Liberalismus jedenfalls, der heute vertretbar ist, und den ich mit meinen Freunden vertrete, fordert einen starken Staat, einen Staat oberhalb der Wirtschaft, oberhalb der Interessenten, da, wo er hingehört"*, zitiert nach Breise, Marc: Das große Missverständnis; https://www.sueddeutsche.de/wirtschaft/kapitalismus-in-der-krise-das-grosse-missverstaendnis-1.378135. Das neuliberale Programm, welches Rüstow damals in Dresden kurz skizzierte, reüssierte im Nachkriegsdeutschland unter den Sammelbegriffen „soziale Marktwirtschaft" und „Ordoliberalismus", vgl. Hahn, Roland: Marktwirtschaft und Sozialromantik. Die programmatische Erneuerung des Liberalismus in Deutschland unter dem Einfluß der Ideen Wilhelm Röpkes und Alexander Rüstows. Egelsbach 1993, S. 115f.

1938 lud der französische Philosoph Louis Rougier das letzte weltweit verbliebene Häuflein Freiheitlicher nach Paris zu einem Treffen ein, dem „Colloque Walter Lippmann", Teilnehmer des Colloques waren auch die deutschen Emigranten Röpke und Rüstow. Dort in Paris wurde Rüstows Vorschlag angenommen, dass sich jenes Häuflein, das sich im Sinne der Ideen der Freiheit weiterhin gegen die Fluten der „roten" und „braunen" Totalitaristen stemmte, unter dem Label „Neoliberalismus" sammeln sollte. Nach

Ende des II. Weltkriegs wurden die deutschen Neoliberalen meist – wegen ihres Jahrbuchs „Ordo" – Ordoliberale genannt. Ein Ausdruck den Röpke für sich nicht übernahm; den Ausdruck „Neoliberalismus" seines Freundes Rüstow hat Röpke akzeptiert, doch nur mit Unbehagen genutzt; vgl. Röpke, Wilhelm: Einführung; in: Walter Lippmann: Die Gesellschaft freier Menschen. Bern 1945, S. 27.

Anmerkung 75 – Seite 24
Röpke schilderte die natürliche Ordnung in einer Art und Weise, durch die er sich von liberaler Seite den Vorwurf „Katholizismus" einhandelte. Röpke ging in einem Brief auf diesen Vorwurf ein, wo er nochmals betonte, dass er – der Stammbaum seiner Großmutter mütterlicherseits besteht aus einer ganzen Kette lutherischer Pfarrer – tief im Luthertum verwurzelt ist, vgl. Röpke, Eva (Hg.): Wilhelm Röpke Briefe. Der innere Kompass 1934-1966. Zürich 1976, S. 167f.

Der Einwurf „Katholizismus" ist teilweise nachzuempfinden; denn an etlichen Stellen der Trilogie, der Aufsatzsammlungen oder des Spätwerks stechen reichlich Parallelen mit der katholischen Naturrechtslehre und päpstlichen Enzykliken (z. B. Rerum novarum; Quadragesimo anno) hervor, außerdem bezog sich Röpke in einigen Artikeln schon in der Überschrift explizit auf die katholische Soziallehre, siehe dazu das Publikations-verzeichnis in o. V.: In Memoriam Wilhelm Röpke. Marburg 1968, S. 22-51. Verschiedene Formulierungen Röpkes, z. B. in

„Torheiten der Zeit" (siehe Anmerkung 58), nehmen sozusagen grundlegende Aussagen der Antrittsenzyklika (Redemptor Hominis) von Johannes Paul II. vorweg. Eine Ursache für die Krisis des Abendlandes sah Röpke wesentlich darin begründet, dass die christliche Soziallehre im säkularisierten Staat als Leitbild des Lebens wegbrach. In diesem Zusammenhang erhob Röpke auch harte Vorwürfe an die Geistlichkeit. Er gab dieser als Führer der weltlichen Kirche weitgehend schlechte Noten, siehe z. B. Röpke, Wilhelm: Civitas humana. Bern 1979, 4. Auflage, S. 150f.

Während Liberale also Röpke „Katholizismus" vorwarfen, lehnten prominente Wortführer der katholischen Soziallehre (so insbesondere die einflussreiche Gruppe um Oswald von Nell-Breuning) Röpke rundweg ab. Röpke und die anderen Neoliberalen kämen nicht über das geistige Niveau des Nominalismus der Aufklärungsepoche hinaus – so der Dominikaner Nawroth (Nawroth, Egon Edgar: Die Sozial- und Wirtschaftsphilosophie des Neoliberalismus. Heidelberg 1963, 2. Auflage, S. 425). Hans Willgerodt, Röpkes Neffe, dokumentierte die Angriffe der katholischen Sozialethiker gegen die deutschen Neoliberalen, die – siehe oben, Anmerkung 72 – auch Ordoliberale genannt werden. Aus dieser Dokumentation ist ersichtlich, dass Nawroth – milde gesprochen – teilweise mit unlauteren Mitteln operierte, vgl. Willgerodt, Hans: Dokumentation; in: Böhm, Franz u. a. (Hg.): Ordo, Jahrbuch für die Ordnung von Wirtschaft und Gesellschaft, Band 16, Düsseldorf und München 1966, S. 355-

367. Dass Röpke Nawroths Auswürfe aufwühlten, geht deutlich aus einem Brief Röpkes an Daniel Villey hervor, siehe Röpke, Eva (Hg.): Wilhelm Röpke Briefe. Der innere Kompass 1934-1966. Zürich 1976, S. 141f.

Wie aus den Diskussionsbeiträgen eines 1991 in Fribourg abgehaltenen Symposiums hervorgeht, änderten die katholischen Sozialethiker ihre Meinung gegenüber den Ordoliberalen lange Zeit kaum, vgl. Utz, Arthur F. (Hg.): Die katholische Soziallehre und die Wirtschaftsordnung. Trier 1991.

Neuerdings scheint es so, als ob einflussreiche katholische Sozialethiker sich den Ordoliberalen annähern, deren Konzept „soziale Marktwirtschaft" akzeptieren und für die christliche Soziallehre nutzen wollen. Hier tut sich besonders Peter Schallenberg hervor, Professor Moraltheologie und Ethik an der Theologischen Fakultät Paderborn und Direktor der Katholischen Sozialwissenschaftlichen Zentralstelle (KSZ) in Mönchengladbach.

Anfang 2017 löste Martin Rhonheimer, Professor für Ethik und politische Philosophie an der Philosophischen Fakultät der Päpstlichen Universität Santa Croce in Rom und in Wien Präsident des Austrian Institute of Economics and Social Philosophy, durch ein Interview eine sozialpolitische Diskussion aus. Schallenberg war der eigentliche Kontrahent Rhonheimers. Schallenberg wurde dabei unterstützt von den Sozialethikern Jörg Althammer und Arnd Küppers.

Chronologie der Diskussion:

Rhonheimer, Martin: Barmherzigkeit schafft keinen Wohlstand;
https://www.faz.net/aktuell/wirtschaft/wirtschaftspolitik/martin-rhonheimer-istpriester-und-neoliberal-14873611.html;
Schallenberg, Peter: Barmherzigkeit schafft Wohlstand; in: Die Tagespost vom 18.02.2017, S. 14; https://austrian-institute.org/wp-content/uploads/2017/03/Schallenberg-Barmherzigkeit-schafft-Wohlstand-Tagespost.pdf;
Rhonheimer, Martin: Soziale Marktwirtschaft – ein deutscher Mythos; in: Die Tagespost vom 25.02.2017, S. 14; https://austrian-institute.org/wp-content/uploads/2017/03/Soziale-Marktwirtschaft-ein-deutscher-Mythos-DT-25.2.2017.pdf;
Küppers, Arnd: Die Wunder des freien Marktes – ein libertärer Mythos; in: Die Tagespost vom 04.03.2017, S. 13; https://austrian-institute.org/wp-content/uploads/2017/03/K%C3%BCppers-Die-Wunder-des-freien-Marktes-%E2%80%93-ein-liber-t%C3%A4rer-Mythos.pdf;
Rhonheimer, Martin: Wie entsteht Wohlstand?; in: Die Tagespost vom 11.03.2017, S. 7; https://austrian-institute.org/wp-content/uploads/2017/03/Wie-entsteht-Wohlstand-DT-10.3.1017-S.-7.pdf;
Althammer, Jörg: Wohlstand muss gerecht verteilt werden; in: Die Tagespost vom 18.03.2017, S. 14; https://austrian-institute.org/wp-content/uploads/2017/03/Althammer-Wohlstand-muss-gerecht-verteilt-werden.pdf;

Rhonheimer, Martin: Sozialpolitische Dogmen verbauen die Zukunft; in: Die Tagespost vom 25.03.2017, S. 7; https://austrian-institute.org/wp-content/uploads/2017/03 /Sozialpolitische-Dogmen-verbauen-Zukunft.pdf.

Die Ausführungen der Gruppe um Schallenberg zeigen, dass diese das Konzept „soziale Marktwirtschaft" als „institutionalisierte christliche Soziallehre" vereinnahmen und es als sozialpolitische Aufgabe der Regierung sehen, so dass diese Nächstenliebe, Brüderlichkeit, Solidarität etc. mittels staatlichen Zwang durchsetzen soll.

Wohlan, dazu nur kurz: Der barmherzige Samariter des Neuen Testaments (Lukas-Evangelium 10,25-37) hätte nie und nimmer zu einer weltberühmten Vorbildfigur avancieren können, wenn er die „Barmherzigkeit" aufgrund staatlichen Zwangs hätte ausüben müssen. Staatlicher Zwang vernichtet Nächstenliebe, Brüderlichkeit und Solidarität; denn diese kann immer nur der einzelne Mensch freiwillig tätigen. Will die Gruppe Schallenberg durch Regierungspolitik ein Paradies auf Erden schaffen? Falls ja, dann vergisst die Gruppe Schallenberg eine weise Warnung Hugo Rahners: *„Die Kirche ist das unsterbliche Nein gegen jeden Staat, der sein endgültig beglückendes Reich auf dieser Erde allein bauen will oder der in Überwucherung seines absoluten Machtanspruches auch das Religiöse noch in seinen allein geltenden Rechtsbereich zwingt."* Hugo Rahner: Abendländische Kirchenfreiheit. Benziger Verlag. 1943. S. 23f.

Nach meinem Verständnis stünden die „Gründerväter der sozialen Marktwirtschaft", insbesondere Franz Böhm, Ludwig Erhard, Wilhelm Röpke und Alexander Rüstow in der obigen Auseinandersetzung auf Seiten Rhonheimers.

Wie die Gründerväter sich in der Nachkriegszeit gegen die Auswürfe der damaligen Elite der katholischen Sozialethiker wehrten, würden sich die Gründerväter heute gegen die Verzerrungen ihrer Konzepte durch die Gruppe Schallenberg zur Wehr setzen.

Anmerkung 76 – Seite 24
Röpke, Wilhelm: Maß und Mitte. Zürich 1950, Kapitel V., S. 135-159.

Anmerkung 77 – Seite 24
Röpke, Wilhelm: Die Gesellschaftskrisis der Gegenwart. Bern 1979, 6. Auflage, S. 351- 357.

Anmerkung 78 – Seite 25
Ein prägnantes Beispiel für die Folgen der Fehlleistungen und Irrtümer der Großen bietet die Geschichte Chinas. Gegen Ende des 15. Jahrhunderts entschied der Kaiserhof, dass Chinas Hochseeflotte nicht ausgebaut wird und zukünftig weitere Entdeckungsreisen zur See zu unterbleiben haben. Die Folge davon war, dass die Europäer und nicht Chinesen die Entdecker und die Beherrscher der Welt wurden. Vgl. Jones, Eric L.: Das Wunder Europa: Umwelt, Wirtschaft und Geopolitik in der Geschichte Europas und Asiens. Tübingen 2012, S. 127.

Anmerkung 79 – Seite 25

Vgl. Böhm, Franz: Entmachtung durch Wettbewerb. Münster 2007. Liest und durchdenkt man die Ausführungen Böhms akkurat, dann wird im Grunde deutlich, dass durch den Flankenschutz und die Schützenhilfe im Zusammenspiel der drei Staatsgewalten (Legislative, Exekutive und Judikative) die Entstehung der privaten, wirtschaftlichen Macht – institutionell symbolisiert durch die Kartelle und Syndikate des Kaiserreichs und der Weimarer Republik – relativ leicht vonstattengehen konnte. Dass Kartelle nur zeitweise den Wettbewerb ausschalten, beschränken oder dämpfen können, vermerkte auch Muthesius. Lakonisch notierte er, nur dann, wenn der Staat einem Kartell hilfreich unter die Arme greift, kann es funktionieren; Muthesius, Volkmar: Augenzeuge von drei Inflationen. Frankfurt/M. 1973, 2. Auflage, S. 171f.

An gleicher Stelle warnte Muthesius davor, dass die Übertreibung oder eine Verirrung der Wettbewerbspolitik zu einem „Abschweifen von dem Pfad der Freiheit" führen kann; Muthesius, Volkmar: Augenzeuge von drei Inflationen. Frankfurt/M. 1973, 2. Auflage, S. 170f.

Anmerkung 80 – Seite 25

1931 verzeichnete Horst Wagenführ, dass 1930 im Deutschen Reich 2.100 Kartelle organisiert waren; in dieser Zählung waren die Kartelle der Landwirtschaft, der freien Berufe, des Bank-, Börsen-, Verkehrs- und Versicherungswesens nicht erfasst. Vgl. Hahn, Roland: Marktwirtschaft und Sozialromantik. Die programmatische Erneuerung des Liberalismus in Deutschland unter dem Einfluß der Ideen Wilhelm Röpkes und Alexander Rüstows. Egelsbach 1993, S. 100.

Erhard nannte die Kartelle kurz und bündig „Feinde der Verbraucher", siehe Erhard, Ludwig: Wohlstand für Alle. Düsseldorf 1964, 8. Auflage, S. 159.

Anmerkung 81 – Seite 25
Daraus ist keinesfalls zu folgern, dass Röpke die Großbetriebe grundsätzlich verwarf. Vielmehr zeigte Röpke z. B. in seinem Lehrbuch „Die Lehre von der Wirtschaft" (Bern 1979, 12. Auflage, S. 66-112) die den Wohlstand mehrende Wirkung der Arbeitsteilung – und in dieser haben selbstverständlich auch Großbetriebe ihren angestammten, wohlverstandenen Platz. Was Röpke verneinte, das war der Regierungsschutz, den die Großindustrie genoss und den sie ausnutzte, um unter derartigem Schutz mittels Kartell- und Syndikatsbildungen die Macht zu Lasten von Klein- und Mittelgewerbe auf sich zu konzentrieren. Eine Macht-konzentration, die ohne Staatsschutz im Wettbewerb nicht zu erlangen ist. Im Wettbewerb macht jedermann – Großbetrieb oder Handwerksbetrieb – das, was er am besten kann. Nicht nur im internationalen Handel gilt David Ricardos Gesetz der komparativen Vorteile, auch im Binnenmarkt gilt dies, so dass sehr wohl in etlichen

Marktsegmenten das Klein- und Mittelgewerbe komparative
– und auch absolute – Vorteile gegenüber den Großbetrieben
generieren kann. Röpke wollte nur, dass solche Vorteile auch
gehoben und realisiert werden, eben zum Wohle aller
Bevölkerungsgruppen.

Anmerkung 82 – Seite 25

Wegen seiner Sympathien für die bäuerliche Lebenswelt griff
und greift man Röpke oft scharf an. Derartige romantische
Schwärmereien für die Landwirtschaft würden einer
bizarren Agrarpolitik à la EU Vorschub leisten. Nach
meinem Dafürhalten geht dieser Vorwurf ins Leere. Gerade
Röpke wäre ein entschiedener Gegner der EU-Agrarpolitik;
denn dieser Wust an unübersichtlichen und sich lustig
gegenseitig konterkarierenden Subventionen bewirkt das
genaue Gegenteil der Vorstellungen Röpkes. Unter dem
Deckmantel der sozialen Hilfestellungen des Bauernstandes
ist die EU-Agrarpolitik seit Anbeginn nichts weiter als die
Umsetzung interventionistischer und protektionistischer
Maßnahmen, die durch Regierungen interessierter EU-
Staaten durchgesetzt wurden und werden, die noch dazu auf
immer mehr Segmente des Agrarsektors ausgeweitet
werden. Natürlich nicht zum Schutze der kleinen Bauern,
auch wenn in diesem Sinne oft hohle Phrasen aus Politiker-
mund zu hören sind. Es werden ganz einfach Interessen und
Vorteile der Großagrarier und gut organisierter Interessengruppen bedient. Durch die Tarnkappe einer derartigen
landwirtschaftlichen Sozialpolitik konnten sich die Groß-

agrarier auf Kosten der Kleinen mästen – die kleinen Agrarbetriebe starben und sterben weg, und die noch überlebt haben, verkümmern zu Bettlern, die als jammervolle Bittsteller an den amtlichen Türen der Exekutivbehörden klopfen, um Subventionen zu erflehen. Aus freien Bauern wurden Knechte – so ist dies die Regel und das Ziel einer Sozialpolitik.

Röpke würde nicht mit Kritik sparen, wahrscheinlich hätte er bezüglich des EU-Agrarmarktes ähnlich formuliert wie der Kronberger Kreis, vgl. Kronberger Kreis: Für eine Neue Agrarordnung. Kurskorrektur für Europas Agrarpolitik. Bad Homburg 1984. Diese Schlussfolgerung ist geradezu greifbar in Röpkes letztem Buch, vgl. Röpke, Wilhelm: Torheiten der Zeit. Nürnberg 1966, S. 124-156. Dort hielt Röpke nochmals ein mit Herzblut geschriebenes Plädoyer für einen urwüchsigen, kraftvollen und stolzen Bauernstand.

Gerade aus Röpkes Verbundenheit mit dem ländlichen Leben entspringe der Quell der Wärme und Menschlichkeit, die das Werk Röpkes befruchte und durchziehe – so Alexander Rüstow 1959 im Geburtstagsgruß. Der Stadtmensch Rüstow beneidete Röpke schon etwas um die Sozialisation auf dem Land. Vgl. Rüstow, Alexander: Glückwunschadresse zu Wilhelm Röpkes sechzigstem Geburtstag; in: Hunold, Albert (Hg.): Gegen die Brandung. Erlenbach-Zürich 1959, S. 36ff.

Anmerkung 83 – Seite 25

Die wichtige Rolle der Rechtsregeln behandelte Röpke schon in seinem Lehrbuch, vgl Röpke, Wilhelm: Die Lehre von der Wirtschaft. Bern 1979, 12. Auflage, S. 106-110. Im Spätwerk betonte er, dass es unverbrüchliche Normen gibt, die über die Maxime des Rechtsstaats (rule of law) hinausgehen, Normen, die dem demokratischen Entscheidungsverfahren entzogen sind, vgl. Röpke, Wilhelm: Jenseits von Angebot und Nachfrage. Bern 1979, 5. Auflage, S. 107.

Daraus ist nicht zu folgern, dass Röpke die Demokratie ablehnte. Er war vielmehr ein glühender Verteidiger der Demokratie. Er lehnte wohl – und dies völlig korrekt – die jakobinische Variante der totalitären Demokratie als Demokratur ab. Darin war er vollständig einig mit anderen Liberalen, so z. B. Hayek, der schon 1944 davor warnte aus der Demokratie einen Fetisch zu machen, vgl. Hayek, Friedrich August von: Der Weg zur Knechtschaft. München 1981, 4. Auflage S. 99f. und S. 106-118. Und Jahre später kritisierte Hayek die Auswüchse der „Schacherdemokratie", in der Mehrheiten durch Stimmenkauf, Schmieren und Belohnen zusammengeschustert werden, vgl. Hayek, Friedrich August von: Recht, Gesetzgebung und Freiheit, Band. 3, Die Verfassung einer Gesellschaft freier Menschen. Landsberg am Lech 1981, S. 25-33 und S. 138f.

Als weitergehende Lektüre bezüglich „rule of Law" sei verwiesen auf Hayek, Friedrich August von: Das politische

Ideal der Herrschaft des Gesetzes. Baden-Baden 2010 und auf Leoni, Bruno: Freiheit und das Recht. Stuttgart 2014. Eine kurze Einführung in das Thema bietet Doering, Detmar: Rechtsstaat und wirtschaftliche Freiheit. Potsdam 2009.

Anmerkung 84 – Seite 26
Röpke, Wilhelm: Die Gesellschaftskrisis der Gegenwart. Bern 1979, 6. Auflage, S. 343-351.

Anmerkung 85 – Seite 26
Siehe zum Eigentum Röpke, Wilhelm: Die Gesellschaftskrisis der Gegenwart. Bern 1979, 6. Auflage, S. 295ff. und S. 354f., derselbe: Civitas Humana. Bern 1979, 4. Auflage, S. 279-284 und derselbe: Röpke, Wilhelm: Jenseits von Angebot und Nachfrage. Bern 1979, 5. Auflage, S. 150ff. Großen Wert legt Röpke dabei auf Wohnungseigentum mit eigenem Garten für die Stärkung der Selbstversorgung, so dass auch der Industriearbeiter im Notfall sein Mittagsmahl aus dem eigenen Garten bereiten kann, vgl. Röpke, Wilhelm: Röpke, Wilhelm: Die Gesellschaftskrisis der Gegenwart. Bern 1979, 6. Auflage, S. 362.

Natürlich wurde und wird auch diese Position Röpkes von seinen Gegnern spöttisch und ironisch als romantisch, reaktionär und ewig gestrig abgetan. Doch auch diese Häme der Gegner Röpkes läuft ins Leere, da Röpke selbst hervorhob, dass in einer komplexen, arbeitsteiligen Volkswirtschaft *„die Selbstversorgung (Eigenwirtschaft) nur noch eine ergänzende Rolle spielen kann"*; Röpke Wilhelm: Ist die

deutsche Wirtschaftspolitik richtig? Analyse und Kritik; in:
derselbe: Marktwirtschaft ist nicht genug. Waltrop 2009, S.
191.

Anmerkung 86 – Seite 26

Dies wusste auch schon im 19. Jahrhundert der Sozialist
Pierre-Joseph Proudhon als er zu Papier brachte: *„Das
Eigentum ist die größte revolutionäre Kraft, die besteht und die
sich der öffentlichen Gewalt zu widersetzen vermag....Wo kann
man eine Macht fi nden, die dieser furchtbaren Macht des Staates
die Waage hält? Es gibt keine andere als die des Eigentums....
Man...nehme ... dem Eigentum den absolutistischen Charakter ...,
man lege ihm Bedingungen auf ...: dann verliert es augenblicklich
seine Kraft, dann hat es kein Gewicht mehr"*; zitiert nach
Blankertz, Stefan: Das libertäre Manifest. Grevenbroich 2002,
2. verbesserte Auflage, S. 60. Dieses Zitat wird von
Sozialisten/Kommunisten natürlich ausgeblendet, jene
zitieren nur Proudhons Bonmot „Eigentum ist Diebstahl."

Anmerkung 87 – Seite 26

Die ersten beiden Absätze des Artikels 19 des deutschen
Grundgesetzes lauten in der Form, die seit sieben
Jahrzehnten gilt:

*(1) Soweit nach diesem Grundgesetz ein Grundrecht durch Gesetz
oder auf Grund eines Gesetzes eingeschränkt werden kann, muß
das Gesetz allgemein und nicht nur für den Einzelfall gelten.
Außerdem muß das Gesetz das Grundrecht unter Angabe des
Artikels nennen.*

(2) In keinem Falle darf ein Grundrecht in seinem Wesensgehalt angetastet werden.

Dazu vermerkte Hayek, dass die Bestimmungen des Art. 19 GG nicht gelebt worden sind. Hayek gab explizit der streitbaren Juristin Hildegard Krüger recht, dass der Art. 19 GG der Eckstein des Rechtsstaates sei, der gleich einer Sammellinse die einzelnen Prinzipien des Rechtsstaats bündelt. Weiter führte Hayek aus, dass er glaube, wenn der Art. 19, Abs. 1 GG wirklich die Bedeutung gewonnen hätte, Grundrechte nur durch allgemeine Regeln einschränken zu dürfen, die Bundesrepublik Deutschland ein wirklich freier Rechtsstaat hätte werden können. Er führt aus, dass man, um eine freie Gesellschaft zu sichern, kaum mehr benötige, so dass Preis-, Mengen- oder Zulassungsbeschränkungen unzugänglich würden, da diese mit Art. 19, Abs. 1 GG nicht vereinbar sind. Leider habe der Art. 19, Abs. 1 GG diese Bedeutung nicht gewonnen. Siehe Hayek, Friedrich August von: Recht, Gesetz und Wirtschaftsfreiheit; in: Freiburger Studien. Tübingen 1969; S. 52.

Das Bundesverfassungsgericht führte bedauerlicherweise den Art. 19 GG ad absurdum, und zwar verwirft das Bundesverfassungsgericht dabei regelmäßig Verfassungs-beschwerden bezüglich Art. 19 GG – und sieht sich dabei explizit als in der Tradition des ersten Urteil zum Art. 19 GG vom 10.02.1953 stehend.

Folglich ist es nicht verwunderlich, dass sich die Hoffnungen Röpkes nicht erfüllten; denn viele Raubzüge des bundesdeutschen Wohlfahrtsstaates wären bei einer konsequenten Anwendung des Art. 19 GG nicht zu realisieren gewesen. Für mehr Informationen zum vorgeblichen Rechtsstaat Bundesrepublik Deutschland, zum Art. 19 GG, zur nur formalen Gewaltenteilung und der Rolle der Justiz siehe Milz, Hubert: Gewaltenteilung als Verfassungsprinzip; Bonner Impulsvortrag vom 18.04.2012; https://forum-freie-gesellschaft.de.www276.your-server.de/wp-content/uploads/2016/01/ FFG_Analyse_H.Milz_Gewaltenteilung.pdf.

Anmerkung 88 – Seite 26
Vgl. Röpke, Wilhelm: Jenseits von Angebot und Nachfrage. Bern 1979, 5. Auflage, S. 227-249.

Eine Abrechnung mit dem modernen, plündernden Fiskalstaat erfolgte in einem Artikel noch einmal 1965, dort rechnete Röpke ausdrucksstark und kraftvoll mit dem „Fiskalsozialismus" ab; Röpke, Wilhelm: Der moderne Fiskalstaat; in: derselbe: Marktwirtschaft ist nicht genug. Waltrop 2009, S. 344-349.

Anmerkung 89 – Seite 26
Röpke, Wilhelm: Jenseits von Angebot und Nachfrage. Bern 1979, 5. Auflage, S. 232.

Anmerkung 90 – Seite 27

Vgl. Röpke, Wilhelm: Jenseits von Angebot und Nachfrage. Bern 1979, 5. Auflage, S. 249-262.

Bezüglich der Lebensvorsorge oder Sozialfürsorge drückte Röpke sich nach meinem Eindruck eindeutiger aus als Hayek. Hayek sprach auch klar aus, dass der Wohlfahrtsstaat die Grundlagen der offenen, der großen Gesellschaft unterminiert und letztlich zerstört, doch bezüglich der Sozialfürsorge waren Hayeks Ausführungen über die Art und Weise und über die Rolle des Staates nicht präzise, sondern eher schwammig. Hayek umschiffte die Problematik mit geschickten Formulierungen. Vgl. Hayek, Friedrich August von: Recht, Gesetzgebung und Freiheit, Band 2, Die Illusion der sozialen Gerechtigkeit. Landsberg am Lech 1981, insbesondere Kapitel XI.

Merklein z. B. zeigte, dass vor Bismarck diese Eigen- und Gruppenvorsorge, die Röpke einforderte, gegeben war. Die weitaus meisten, der durch Bismarcks Sozialpolitik ab 1883 peu à peu zwangsbeglückt Zwangsversicherten waren schon vorher durch eigene Initiativen sozialversichert, mehrheitlich sogar besser versichert als durch Bismarcks Gesetzgebung. Ergo, Bismarck goss nur etwas in Gesetzesnormen, was schon vorher – entsprechend der Theorie der spontanen Ordnung – durch die Marktwirtschaft realisiert war. Vgl. Merklein, Renate: Ordnungspolitische Verwahrlosung am

Beispiel des Gesundheitswesens; in: Forum Freiheit: Ist unser Wohlfahrtsstaat noch reformierbar? Bonn 1997, S. 28-39.

Außerdem ist hervorzuheben, dass Bismarck den Arbeitern keineswegs etwas „Gutes" tun wollte. Er wollte diese bestechen, um Macht und Einfluss der marxistischen Sozialdemokratie zu brechen. Dass dem so war, davon zeugen etliche Publikationen aus jenen Tagen. Die Arbeitervereine hatten in Eigenregie Sozialversicherungen organisiert, sie lehnten Bismarcks Zwangsversicherungen als Almosen ab und wollten der „Obrigkeit" auf Augenhöhe begegnen.

Weiter, Bismarck wollte auch die Liberalen ausschalten. Diese hatten – z. B. Schulze-Delitzsch – auf Basis von Genossenschaften ein funktionstüchtiges Sozialversicherungssystem aufgebaut – die Genossen standen auch auf Augenhöhe zur „Obrigkeit".

Ein machtbewusster, machtverliebter, machtbesessener, zentralistischer Preuße wie Bismarck bevorzugte natürlich knechtische Untertanen; selbstbewusste, stolze und freie Bürger waren ihm ein Gräuel.

Heutzutage, nach über 130 Jahren Sozialpolitik à la Bismarck ist von den Vorbehalten und der Ablehnung der zwangsbeglückenden Zwangssozialversicherung bei der Arbeiterschaft und deren öffentlichen Vertretern nichts mehr übriggeblieben – und auch im liberalen Umfeld ist diese Art von Zwangssozialversicherung in weiten Teilen akzeptiert.

Selbst sanfte Reformvorschläge in Richtung Eigen- und Gruppenvorsorge werden meist entsetzt zurückgewiesen und treffen oftmals auf völliges Unverständnis.

Anmerkung 91 – Seite 27

Erhard, Ludwig: Wohlstand für Alle. Düsseldorf 1964, 8. Auflage, S. 251. Auch Erhard wollte – wie Röpke – freie Bürger und keine Knechte.

Anmerkung 92 – Seite 27

Dieser Ansatz findet sich schon früh bei Röpke. Bereits 1923 führte er in einem Aufsatz aus, dass, um die gesellschaftliche Ordnung wiederherzustellen, der Liberale derzeit zwei wichtige Aufgaben zu bewältigen habe. Er müsse dahin wirken, dass der immer noch praktizierte Wirtschaftsetatismus des Krieges ein Ende findet, damit die Marktwirtschaft ihren Raum wieder einnehmen kann. Und weiter, dass der Liberale dahingehend wirken soll, dass der Staat nicht alles und jedes zu regeln und zu bestimmen hat, sondern seinen angestammten Platz an der Spitze, dort wo er über den Dingen steht, einzunehmen hat. Vgl. Röpke, Wilhelm: Wirtschaftlicher Liberalismus und Staatsgedanke; in: Albert Hunold (Hg.): Gegen die Brandung. Erlenbach-Zürich 1959, S 42-46. Nach der Interpretation von Kolev wies Röpke dem Staat die Rolle eines Statikers zu, der die soziologischen und moralischen Fundamente einer guten und freien Bürgergesellschaft stetig inspizieren, ausbessern und renovieren soll, vgl. Kolev, Stefan: Neoliberale Staatsverständnisse im Vergleich. Stuttgart 2013, S. 107.

Nach meinem Verständnis setzten Röpke und auch die übrigen Gründerväter der sozialen Marktwirtschaft implizit voraus, dass an der Spitze des Staates der „Staatsmann" steht. Sie vergaßen eine weise Mahnung William Ewart Gladstones: „Der Politiker denkt an die nächsten Wahlen, der Staatsmann an die nächste Generation." (https://www.bk-luebeck.eu/zitate-gladstone.html).

Ökonomisch gesprochen heißt dies, dass der Berufspolitiker, weil er sein Einkommen aus der Politik behalten will, kurzfristige Erfolge realisieren will, die der Wähler durch Wiederwahl honoriert. Dass dabei die langfristige Perspektive auf der Strecke bleibt, ist klar, deshalb mögen Politiker Keynes und dessen Motto „In the long run we are all dead".

Natürlich wusste auch Röpke wie Politiker ticken und er kannte auch die Theorien von Lord Keynes und deren Sogwirkung auf Wirtschaftspolitiker. Dies zeigen seine Bemerkungen zu den „Juliustürmen" und den „Pappwänden der Politik" im Artikel Röpke, Wilhelm: Die politische Ökonomie. Was heißt „politisch unmöglich"?; in: derselbe: Marktwirtschaft ist nicht genug. Waltrop 2009, S. 320f. Leider wurde und wird die Bundesrepublik Deutschland von Politikern regiert. Dass Erhard, der kein Politiker war (übrigens, er war auch kein Staatsmann), sich 1948 in entscheidender Position befand und danach unter Adenauer

Bundeswirtschaftsminister wurde, war für die allgemeine und individuelle Wohlfahrt der Deutschen ein historischer Glücksfall, so dass – als die Bundesrepublik Deutschland an den Start ging – Röpke gemeinsam mit seinen Mitstreitern (zu diesen zählte auch Erhard) zumindest das Projekt eine freie und gute Ordnung aufzubauen auf den Weg bringen konnte. Ohne Erhard hätten Politiker damals nach dem II. Weltkrieg den Mangel weiter verwaltet und wären nicht das Wagnis eingegangen auf Marktwirtschaft und Freiheit zu setzen. Marktwirtschaft und Freiheit wären unter das Verdikt *„politisch unmöglich"* gefallen.

Anmerkung 93 – Seite 27

Vgl. z. B. Röpke, Wilhelm: Torheiten der Zeit. Nürnberg 1966, S. 84f.

Anmerkung 94 – Seite 27

Siehe Röpke, Wilhelm: Jenseits von Angebot und Nachfrage. Bern 1979, 5. Auflage, S. 191-199.

Anmerkung 95 – Seite 27

Natürlich ist dieser Punkt, die natürliche Aristokratie einer „Nobilitas Naturalis", geradezu ein Einfallstor für die Gegner Röpkes – auch und gerade aus Ecken der „kulturmarxistischen" Salonliberalen und auch diverser Wirtschaftsliberaler. Ganz im Sinne der Egalitaristen tönt es aus jenen „liberalen" Stellungen, dass die „Nobilitas Naturalis" furchtbar anti-liberal, gleichheits- und demokratiefeindlich ist.

Was für ein Widersinn! Der Egalitarismus ist anti-liberal, nicht das „Recht auf Ungleichheit" und die Anerkennung von natürlichen Eliten. Die „Gleichheit vor dem Gesetz", welches alle Menschen gleichbehandelt – ohne Rücksicht auf Stand oder Herkunft, damit einher geht die Regel „Government under the Law". Dies ist die Gleichheit für die Liberale – so auch Röpke – eintreten. Während der Egalitarismus zum Verlust der Freiheit führt. Ergo, die eigentlichen Illiberalen sind jene, die das „Recht auf Ungleichheit" verwerfen, also letztlich den einzelnen Menschen nicht als Unikat anerkennen, sondern – trotz aller „liberalen und individuellen Phrasen" – das Individuum nur als Teilchen einer amorphen, kollektiven Masse betrachten.

Das „Recht auf Ungleichheit" verteidigte auch der libertäre US-Amerikaner Rothbard, jeder freiheitliche Individualist glaube an menschliche Unterschiede, natürliche Ungleichheiten und natürliche Aristokratie. Mit Verweis auf die beiden libertären, eingefleischten Individualisten Albert Jay Nock und Henry Louis Mencken vermerkte Rothbard, dass Individualisten immer anti-egalitär eingestellt sein müssen und immer freudige „Elitisten" sein sollten, Rothbard, Murray N.: Der Verrat an der amerikanischen Rechten. Grevenbroich 2017, S. 58f.

Das Spätwerk Röpkes ist sowieso ein „Stein des Anstoßes", so dass aus dem liberalen Lager – wiederum insbesondere von diversen Wirtschaftsliberalen und „kulturmarxistischen"

Salonliberalen – Röpke vorgeworfen wird, dass er mit zunehmenden Alter immer weiter nach rechts gerückt sei. Ein Vorwurf, dem nach meinem Dafürhalten die Grundlage fehlt, wie das Bekenntnis der „Freiheit als Prinzip" (siehe Anmerkung 41) aus 1959 vom sogenannten „späten" Röpke illustriert. Er war stets – auch und ganz besonders im Alter – seiner Weltanschauung und seinen Grundsätzen treu geblieben, hatte folglich seinen Platz nicht verlassen. Nur, dadurch, dass „bürgerlich-liberale" und „bürgerlich-konservative" politische Parteien laufend Konzessionen irgendwelcher Art machten und dadurch tatsächlich in ihrer real praktizierten Politik nach „links" rückten, taucht die Fata Morgana des Vorwurfs auf, dass Röpke sich nach rechts absonderte.

Welcher Art sind die Konzessionen irgendwelcher Art durch die konservativen und liberalen Parteien? Beispielsweise das fortlaufende Einknicken vor der sogenannten „öffentlichen Meinung". „Öffentliche Meinung"? Zunächst ist dies nur die „veröffentlichte Meinung" irgendwelcher einflussreicher Medienorgane, die – zugestanden – durch das ständige und stetige Trommeln ihrer „veröffentlichten Meinung" daraus eine „öffentliche Meinung" formen können. Hinzu kam und kommt die Aufgabe von „Prinzipien" als Folge der ständigen Kompromisse im täglichen Regierungsgeschäft. Besonders dann, wenn bürgerliche Parteien nur zusammen mit Parteien aus dem sogenannten fortschrittlichen Lager der „Linken" regieren konnten. Der Erfolg solcher Koalitionen ist offensichtlich. In den Regierungsbündnissen sind Kompromisse mit den „Kulturmarxisten" einzugehen, jeder Kompromiss unterspült konservative und/oder liberale Prinzipien. Eine „kulturmarxistische" Politik betreiben nach Jahren der Kompromisse dann auch konservative und liberale Parteien. Wie wahre Eiferer vertreten diese nun Positionen, die noch wenige Jahre zuvor als unvorstellbar gegolten hatten – es wird eine politische Praxis betrieben und gerechtfertigt, die mit den alten, ursprünglichen Prinzipien und Zielen in keiner Weise mehr übereinstimmt. Vgl. dazu Palko, Vladimir: Die Löwen kommen: Warum Europa und Amerika auf eine neue Tyrannei zusteuern. Kißlegg 2014; Palko – er war Hochschuldozent für Mathematik – wickelte in diesem Buch fein säuberlich die Stränge dieses Driften der bürgerlichen Parteien nach „links" und die Prinzipienlosigkeit der sogenannten konservativen und/oder liberalen Politiker ab.

Anmerkung 96 – Seite 27
In Röpkes Ausführungen zu einer „Nobilitas Naturalis" blitzen verschiedene Ähnlichkeiten mit der Interpretation der christlichen Soziallehre auf, welche der 2017 verstorbene katholische Philosoph Michael Novak vorlegte, so dass sich Röpkes Ansicht meiner Meinung nach fein mit der Interpretation Novaks kombinieren lässt.

Zu den Themen und Argumenten, welche die Rechts- und Moralphilosophie – so der katholische Philosoph Novak –

einsammelte, bündelte und zum Naturrecht und Common Law strukturierte, zählen auch individuelle Freiheitsrechte, Tugend- und Gerechtigkeitslehren, die immer wieder einfließen in die Sozialenzykliken. Die Generallinie gab 1891 „Rerum Novarum", die Mutter aller Sozialenzykliken vor. In der Sozialenzyklika „Rerum Novarum" wird dies zwar nicht explizit ausformuliert, doch Novak fand in dieser die moralische Rechtfertigung von Kapitalismus und Marktwirtschaft verankert, es blitzt – gemäß Novak – oftmals der Esprit von Adam Smith auf. Legitim erworbenes Eigentum ist unantastbar, doch von Eigentümern – genauer, von den Reichen – wird erwartet, dass sie im Sinne von Nächstenliebe und Solidarität tätig sind, auf den Ebenen der Subsidiarität soll mittels Eigen- und Gruppenvorsorge die Sozialfürsorge und Lebensvorsorge individuell und solidarisch gesichert werden. In „Rerum Novarum" findet sich kein Ansatzpunkt, an dem Regierungen anknüpfen können, um Umverteilungspolitik von Einkommen und/oder Eigentum zu organisieren und durchzusetzen. In „Rerum Novarum" wurde der Sozialismus als Räuber verurteilt, weil er zum Schaden der Arbeiter das Privateigentum abzuschaffen sucht; denn nur durch die Bildung von Eigentum kann der Arbeiter seine Lage verbessern, vgl. Rhonheimer, Martin: Welche Politik sozial ist, kann nicht die Bibel entscheiden. https://austrian-institute.org/de/blog/welche-politik-sozial-ist-kann-nicht-die-bibel-entscheiden/.

In der Sozialenzyklika „Quadragesimo anno" führte Pius XI. den Ausdruck der „sozialen Gerechtigkeit" ein. Maßgeblich vorbereitet wurde die Enzyklika durch die im deutschen Sozialetatismus verhafteten Jesuiten Oswald von Nell-Breuning und Gustav Gundlach. So ist es nicht verwunderlich, dass beide den Ausdruck „soziale Gerechtigkeit" zu nutzen suchten, um den Kapitalismus umzubiegen. Soziale Gerechtigkeit wurde bei den beiden zu einem in staatlicher Regie liegendem gesellschaftlichen Ordnungsprinzip, mittels dem eine Regierung eine gute und gerechte Güterversorgung und -verteilung ermöglichen soll. Papst Pius XI. folgte der Auslegung der beiden deutschen Jesuiten.

Diese Interpretation lehnte Novak ab; er sah genau wie Hayek, dass dadurch zwangsläufig „soziale Gerechtigkeit" zum politischen Schlagwort verludert, das jedermann nach eigenen Wünschen benutzt. Oder spitz gesagt: Politiker aller Couleur nutzen das Schlagwort „soziale Gerechtigkeit", um das Gemeinwesen nach eigener Façon verunstalten zu können. Für Novak wurde mit „Quadragesimo anno" die durch „Rerum Novarum" vorgegebene Generallinie verlassen, an einer entscheidenden Weggabelung bogen Nell-Breuning und Gundlach vom Hauptweg ab. Die Sozialenzyklika „Centesimus annus" steuerte für Novak wieder die Generallinie von „Rerum Novarum" an, so geißelte „Centesimus annus" den wuchernden Wohlfahrtsstaat, der die Menschen ihrer Verantwortung beraubt, den Verlust an menschlicher Energie verantwortet, die Staatsapparate aufbläht und der durch eine maßlose staatliche Ausgabensteigerung gekennzeichnet ist.

Novak interpretierte „soziale Gerechtigkeit" als individuelle Handlungsweise, nur der einzelne Mensch kann „sozial gerecht" handeln. „Soziale Gerechtigkeit" ist – so Novak – die verdichtete Summe der Tugend- und Gerechtigkeitslehren, die Bündelung der Kardinal- und Sekundärtugenden im Handeln der einzelnen Menschen. Wenn die meisten Menschen in diesem Sinne ihre Handlungen ausrichten, dann tendiert das Gemeinwesen in Richtung „soziale Gerechtigkeit", ohne dabei auf die für die allgemeine und individuelle Wohlfahrt vorteilhaften Wirkungen von Marktwirtschaft zu verzichten – es gibt demzufolge keinen Antagonismus zwischen Kapitalismus und Katholizismus, vielmehr reichen sich christliche Soziallehre und Marktwirtschaft die Hände. Vgl. Novak, Michael: Die katholische Ethik und der Geist des Kapitalismus. Trier 1998, 2. Auflage, Kapitel 2 bis Kapitel 5.

Anders, in Anlehnung an Röpkes Vokabular gesprochen. Wenn eine „Nobilitas Naturalis" erfolgreich die „soziale Gerechtigkeit" gemäß Novak im Sinne der Bündelung der Tugend- und Gerechtigkeitslehren vorlebt, dann kann diese kleine Elite beispielgebend und anspornend auf die übrigen Menschen wirken, so dass die Marktwirtschaft ihre segensreiche Wirkung entfalten kann und gleichzeitig alle

Dinge, die Röpke und auch Novak als gut und wichtig für eine freie und gute Gesellschaft betonten, zum Besten gefördert werden.

So bestechend die Interpretation Novaks in Kombination mit Röpkes „Nobilitas Naturalis" auch ausschaut, die tonangebenden Sozialethiker sind heutzutage zutiefst im Sozialetatismus verfangen, so dass ein Umdenken kaum zu erwarten ist. Außerdem dokumentieren das apostolische Rundschreiben „Evangelii gaudium" und die Umweltenzyklika „Laudato si", dass Rom die Generallinie Rerum Novarum, die durch „Centesimus annus" wiedergewonnen wurde, wieder verlassen hat, um einen sozialistischen – also die echten Gemeinschaften zerstörenden – Kurs zu fahren.

Zu: Nach dem II. Weltkrieg

Zu: Die deutsche Nachkriegsordnung

Anmerkung 97 – Seite 28
Vgl. Hennecke, Hans Jörg: Wilhelm Röpke. Ein Leben in der Brandung. Stuttgart 2005, Kapitel IX: Großpreußen in Verwesung.

Anmerkung 98 – Seite 28
Siehe dazu die Literaturangaben in der Anmerkung 2.

Anmerkung 99 – Seite 28

Zum Preußenbild Röpkes siehe die Anmerkungen 38 und 39. Wie dort schon angezeigt setzte Röpke das Preußentum mit kollektivistischem Zentralismus gleich, deswegen plädierte Röpke für eine „Entpreußung" Deutschlands.

Trotz dieser klaren Linie Röpkes, es wird trotzdem immer wieder einmal der widersinnige Versuch unternommen, um Röpke als Kronzeugen für das „Preußentum" zu vereinnahmen, siehe derart z. B. Bödecker, Ehrhardt: Preußen und die Wurzeln des Erfolgs. Rottenburg 2018.

Anmerkung 100 – Seite 28

Schon Bismarck diskreditierte die alten, regionalen Traditionen mit Schlagworten als „partikularistische Eigenbrötelei" und die Freunde solcher Traditionen als „Reichsfeinde"; Röpke, Wilhelm: Die deutsche Frage. Erlenbach-Zürich 1945, 2. vermehrte Auflage, S. 231. Wie Röpke einen „Liberalismus von unten" (siehe Anmerkung 71) anstrebte, so wollte er auch einen Föderalismus von unten, zusammen mit den Menschen, nicht von oben durchgesetzt gegen die Menschen; Röpke, Wilhelm: Die deutsche Frage. Erlenbach-Zürich 1945, 2. vermehrte Auflage, S. 226.

Anmerkung 101 – Seite 28

Vgl. Röpke, Wilhelm: Die deutsche Frage. Erlenbach-Zürich 1945, 2. vermehrte Auflage, S. 224, S. 226ff. und S. 231f.

„Schaffe mit, gliedere dich ein, lebe im Ganzen", so hieß es bezeichnet in den sogenannten „Ideen von 1914", die darauf zielten, dass Freiheit die freiwillige Pflichterfüllung im disziplinierten Dienst am durch die Obrigkeit definierten Gemeinsinn eines jeden zu sein hat. Anschauungen, die durch das Dritte Reich auf barbarischste Art und Weise auf die extremste und brutalste Spitze getrieben wurden – Deutschland war „den kollektivistischen Weg bis zum allerletzten Ende gegangen" und muss zum Ausgangspunkt zurück; Röpke, Wilhelm: Die deutsche Frage. Erlenbach-Zürich 1945, 2. vermehrte Auflage, S. 234f.

Anmerkung 102 – Seite 29
Dass echter Föderalismus und Kollektivismus unvereinbar sind, machte Röpke 1944 deutlich in seinem Buch: Civitas Humana. Bern 1979, 4. Auflage, S. 67ff.

Schon mit Bismarcks Reichsgründung war der eigentliche Reichsgedanke verkümmert. Kuehnelt-Leddihn wurde nicht müde in seinen Publikationen immer wieder hervorzuheben (z. B. in Kirche kontra Zeitgeist. Graz 1997, S. 69f.), dass der „Reichsgedanke" den überbordenden, letztendlich hässlichen Nationalismus – nicht das gesunde Patriotische – ausschließt. Ein „Reich" heißt, dass unter einem solchen Dach der Reichtum der verschiedenen Kulturen der unterschiedlichen Regionen und Volksgruppen gleichwertig wachsen und blühen kann, ein Reichtum an Vielfalt, gespiegelt in der Vielzahl der regionalen Dialekte und auch verschiedenen Sprachen, der Kunst, der regionalen Eigentümlichkeiten und auch Absonderlichkeiten. Der nationale Einheitsstaat mag diese Vielfalt nicht, so hat und muss der übersteigerte nationale Einheitsstaat die Vielfältigkeit eliminieren, um schließlich in der Öde der Einfalt zu landen. Kuehnelt-Leddihn klingt bei solchen Positionen ähnlich wie Röpke, der in Anlehnung an Montesquieus Feststellung von «Europa als eine Nation von Nationen» vom Deutschland vor Bismarck von einer «Nation der Nationen» sprach und schrieb, dass mit dem Dritten Reich das Bismarckreich selbst sein Ende fand. „Der dritte Schlaganfall pflegt in der Tat immer tödlich zu sein"; Röpke, Wilhelm: Die deutsche Frage. Erlenbach-Zürich 1945, 2. vermehrte Auflage, S. 227ff., für das Zitat siehe S. 229.

Auch die Neuhumanisten des 19. Jahrhunderts sprachen größtenteils – zumindest bis zur Revolution 1848/49 – von der Kulturnation der deutschen Staaten und Stämme. Diese Neuhumanisten meinten – hier waren sie einig mit dem damaligen politischen Konservatismus und großen Teilen des Liberalismus –, dass der nationale Einheitsstaat kein erstrebenswertes Ziel für Deutschland sei. Eine Kulturnation sollte es sein, deren einzelne Glieder – die Staaten des deutschen Bundes – in einem sich gegenseitig befruchtenden Wettbewerb stehen sollten. Bedeutende Althistoriker wie Barthold Georg Niebuhr zeigten, dass gerade die kulturelle Einmaligkeit des antiken Griechenlands durch die Konkurrenz vieler kleiner Staaten bedingt war – und so ähnlich sollte – so Niebuhr – der Weg für das moderne Deutschland sein. Vgl. Landfester, Martin: Humanismus und Gesellschaft im 19. Jahrhundert. Darmstadt 1988, S. 62 und die dort angegebenen Quellen.

Der von jenen Neuhumanisten beschworene Wettbewerb wirkte befruchtend; denn jeder der deutschen Fürsten wollte für sein Land die beste Universität, die beste Infrastruktur und das beste Gewerbe haben. In den Jahrzehnten nach Napoleon Bonaparte und vor Bismarcks Reichsgründung wurde die Saat gelegt, die Deutschland zu einem führenden Industriestaat machen sollte. Entgegen der weitverbreiteten Sichtweise, dass erst Bismarcks Reichsgründung den Weg zur führenden Industrienation öffnete, ist es vielmehr so, dass das Bismarckreich nur die Ernte einfuhr: Die Saat des Erfolgs wurde gelegt in den Staaten des Deutschen Bundes während der ersten Hälfte des 19. Jahrhunderts.

Natürlich hat Röpke recht, wenn er darlegt, dass im Rausche des Einheitsstaats die schlechte Saat zum Wahn des Kolossalen gelegt wurde, verbunden mit der schlechten Begleitmusik des hässlichen, bismarckschen Einheits- deutschen. In diesen Zusammenhang ist auch Friedrich Naumann einzuordnen, siehe dazu die Ausführungen in Anmerkung 22.

Trefflich zeichnete Heinrich Mann literarisch jenen Typus des hässlichen, bismarckschen Einheitsdeutschen; Mann, Heinrich: Der Untertan. Gütersloh o. J.

Anmerkung 103 – Seite 29

Vgl. z. B. Röpke, Wilhelm: Die deutsche Frage. Erlenbach-Zürich 1945, 2. vermehrte Auflage, S. 234-237 und S. 241ff.

Die Times rügte die unbegründete „Russophobia" Röpkes, obwohl sie über sein Deutschlandbuch vernünftig urteilte, so Röpke in einem Brief an Rüstow vom 16.04.1946; Röpke, Eva (Hg.): Wilhelm Röpke Briefe. Der innere Kompass 1934-1966. Zürich 1976, S. 86.

Röpke glaubte, weil nach Kriegsende im Genfer Institut hauptsächlich US-Bürger zu seinen Hörern zählten, dass er dadurch auch jenseits des Atlantiks gehört werde und Wirkung erziele. Von den Engländern, von denen er am meisten erwartet hatte, war Röpke enttäuscht. Sie versuchten ihn aus ihrer Zone herauszuhalten, da ein Anti-Sozialist, ein Anti-Kommunist wie Röpke für sie einfach ein „mauvais sujet" (übles Subjekt) und im „Labour Paradise" unerwünscht war. So Röpke in einem Brief an Tet Arnold von Borsig vom 19.11.1946; Röpke, Eva (Hg.): Wilhelm Röpke Briefe. Der innere Kompass 1934-1966. Zürich 1976, S. 91f.

Hintergrund: Trotz des Heldenstatus, den Winston Churchill bei den Briten ob des Sieges über Hitler-Deutschland genoss, verlor er die Unterhauswahlen im Juli 1945. Neuer Premierminister wurde Clement Attlee als Parteichef der Labour Party. Attlee war seit 1908 strammer Sozialist, deshalb verwundert es kaum, dass Röpke in der britischen

Zone nicht willkommen war und seine Publikationen unerwünscht waren.

Anmerkung 104 – Seite 29

Vgl. z. B. Röpke, Wilhelm: Die deutsche Frage. Erlenbach-Zürich 1945, 2. vermehrte Auflage, S. 248f.

Bei erscheinen der Erstauflage des Buches „Die deutsche Frage" war das Bild der Elbe als neuer Limes in Europa durchaus korrekt; denn die amerikanischen und britischen Truppen hatten Thüringen, Sachsen-Anhalt, das westliche Sachsen und Teile Mecklenburg erobert und besetzt. Erst im Juli 1945 übergaben die Amerikaner z. B. Leipzig endgültig an Stalin.

Anmerkung 105 – Seite 29

Vgl. z. B. Röpke, Wilhelm: Die deutsche Frage. Erlenbach-Zürich 1945, 2. vermehrte Auflage, S. 248-252.

Anmerkung 106 – Seite 29

Aus den Vorträgen entstand die Schrift Röpke, Wilhelm: Die Krise des Kollektivismus. München 1947. Röpke legte dar, warum die Anhänger einer kollektivistischen Ordnung keine private Initiative wünschten und eine marktwirtschaftliche Ordnung ablehnten. Kollektivisten wollten – so Röpke – den Mangel zentral und planwirtschaftlich verwalten.

Anmerkung 107 – Seite 30

Vgl. Röpke, Wilhelm: Die deutsche Frage. Erlenbach-Zürich 1945, 2. vermehrte Auflage, S. 233, S. 236 und S. 244.

Anmerkung 108 – Seite 30

Röpke betonte, dass in der Marktwirtschaft die letzte Instanz der Gerichtsvollzieher bzw. der Konkursrichter ist, in der kollektivistischen Planwirtschaft hingegen sei dies der Scharfrichter; Röpke, Wilhelm: Das «Zeitalter der Tyrannis»; in: Albert Hunold (Hg.): Gegen die Brandung. Erlenbach-Zürich 1959, S. 132.

Anmerkung 109 – Seite 30

Nicht nur im Buch „Die deutsche Frage" gehörten diese Positionen zu den brennenden Themen Röpkes, sondern sie durchziehen sein komplettes Werk. Wie die Vorträge „Epochenwechsel?" von 1933 und „Marktwirtschaft ist nicht genug" aus 1957 dies – wie durch ein Brennglas gebündelt – illustrieren. Mit Recht ist festzuhalten, dass sich Röpke im Kampf und in der Sorge um die europäische Kultur und Zivilisation geradezu aufzehrte. Siehe Röpke, Wilhelm: Epochenwechsel?; in: derselbe: Wirrnis und Wahrheit: Ausgewählte Aufsätze. Erlenbach-Zürich 1962, S. 105-124 und derselbe: Marktwirtschaft ist nicht genug; in: derselbe: Wort und Wirkung. 1964, S. 136-154.

Anmerkung 110 – Seite 31

Röpke, Wilhelm: Die deutsche Frage. Erlenbach-Zürich 1945, 2. vermehrte Auflage, S. 250ff. und S. 255f.

Man kann nur staunen darüber, mit welcher Genauigkeit und Weitsicht Wilhelm Röpke damals die Nachkriegszeit der Deutschen vorhersah:

-> Die Empfehlung der Westbindung für die vier Jahre später werdende Bundesrepublik Deutschland.

-> Die klare Prognose, dass der Osten Deutschlands für unbestimmte Zeit unter der Fuchtel Stalins kommen würde.

-> Und auch die Scharfsichtigkeit, die Röpke mit der Erwartung des kommenden Ost-West-Konfliktes bewies.

Es wird bei der Lektüre „Die deutsche Frage" klar, warum und weshalb Rüstow die Bundesrepublik Deutschland Röpkes Patenkind nannte, siehe Anmerkung 2.

Wie Hennecke korrekt bemerkt, der Verzicht auf die Einheit Deutschlands zu den Bedingungen Stalins und die Einbindung Westdeutschlands in das westliche Bündnis im Verbund mit der Prognose des langfristig unumgänglichen Zusammenbruch des Ostblocks, waren 1990 die Bedingungen, die für Einheit in Frieden und Freiheit sorgten. Vgl. Hennecke, Hans Jörg: Nachwort; in: Röpke, Wilhelm: Marktwirtschaft ist nicht genug. Waltrop 2009, S. 452.

Für Aly war Röpke ein „Meister der politischen Prognose"; Aly, Götz: Wilhelm Röpke gegen Volk und Führer. Liberale Kritik am nationalen Sozialismus; in: derselbe: Volk ohne Mitte: Die Deutschen zwischen Freiheitsangst und Kollektivismus. Frankfurt/M. 2015, S. 120.

Den Deutschen und damit auch den Europäern wäre viel erspart geblieben, wenn sie auf die Warnungen Wilhelm Röpkes ab und an – insbesondere vor 1933 (siehe Anmerkungen 27, 29, 31 und 32) – gehört hätten. Doch wie bekannt, Kassandra wurde schon in Troja nicht gehört. Dazu merkte Erhard an, *„wir wissen um das fast zwangsläufige Schicksal derjenigen, die immer wieder ihre mahnende Stimme erheben und dafür, wie auch Röpke, … zumeist nur Undank ernten."* Erhard, Ludwig: Gedenkrede; in: o. V.: In Memoriam Wilhelm Röpke. Marburg 1968, S. 20f.

Anmerkung 111 – Seite 31

Vgl. Röpke, Wilhelm: Der Westen – seine Idee und seine Wirklichkeit; in: derselbe: Marktwirtschaft ist nicht genug. Waltrop 2009, S. 404.

Anmerkung 112 – Seite 31

Diesen Ausdruck Montesquieus übernimmt Röpke ausdrücklich, er verwendet diesen häufig, vgl. z. B. Röpke, Wilhelm: Der Westen – seine Idee und seine Wirklichkeit; in: derselbe: Marktwirtschaft ist nicht genug. Waltrop 2009, S. 404.

Ähnlich wie Montesquieu dachte Edmund Burke, der im 18. Jahrhundert notierte, dass sich kein Europäer in irgendeinem Land Europas völlig im Exil fühlen kann. Zitiert nach Jones, Eric L.: Das Wunder Europa: Umwelt, Wirtschaft und Geopolitik in der Geschichte Europas und Asiens. Tübingen 2012, S. 129.

Anmerkung 113 – Seite 31

Röpke, Wilhelm: Europa – Einheit in der Vielheit; in: derselbe: Marktwirtschaft ist nicht genug. Waltrop 2009, S. 235.

Anmerkung 114 – Seite 31

Vgl. Röpke, Wilhelm: Der Westen – seine Idee und seine Wirklichkeit; in: derselbe: Marktwirtschaft ist nicht genug. Waltrop 2009, S. 406.

Röpke erläuterte, dass „Europa" kulturell nicht auf die geographische Enge des Kontinents beschränkt ist. Welcher Meinung man zur Geschichte der Kolonisation auch sein mag, insbesondere Spanien und England haben mittels den gesamten Globus umspannender Kolonialreiche europäische Kultur weltweit exportiert; Röpke, Wilhelm: Europa – Einheit in der Vielheit; in: derselbe: Marktwirtschaft ist nicht genug. Waltrop 2009, S. 235-249. Röpke konstatierte ein paradoxes Bild: Die Verwestlichung würde rund um den Globus, auch in den unterentwickelten Ländern, vorangetrieben, trotz eines teil weise geradezu fanatischen Hasses auf den Westen, den die dortigen Intellektuellen pflegten. Doch diese werden nichtsdestotrotz, da sie an westlichen Universitäten geschult wurden, zum Transmissionsriemen der westlichen Kultur; Röpke, Wilhelm: Der Westen – seine Idee und seine Wirklichkeit; in: derselbe: Marktwirtschaft ist nicht genug. Waltrop 2009, S. 402.

Anmerkung 115 – Seite 32

Vgl. Röpke, Wilhelm: Europa – Einheit in der Vielheit; in: derselbe: Marktwirtschaft ist nicht genug. Waltrop 2009, S. 249. An gleicher Stelle merkte Röpke an, dass nichts blinder sein kann *„als der Glaube, dass diese Klammer ... durch Ökonomokratismus und Technokratismus ersetzt werden könnte."*

Diese selbstverständlichen geistigen Grundlagen – Antike und Christentum – sind, so stellte Röpke bedauernd fest, zum Gespött von sogenannten Intellektuellen geworden; Röpke, Wilhelm: Europa – Einheit in der Vielheit; in: derselbe: Marktwirtschaft ist nicht genug. Waltrop 2009, S. 241f.

Viele Äußerungen solcher Intellektueller im Gefolge der Debatten zur Präambel der EU-Grundrechtecharta oder der Präambel der EU-Verfassung spiegelten jenes Gespött. Dieses intellektuelle Gespött offenbarte auch entweder eine völlige Ignoranz bezüglich der europäischen Geschichte oder die Weigerung sich der Geschichte Europas zu stellen. Der amerikanische Rechtsprofessor Joseph Halevi Horowitz Weiler, Sohn eines litauischen Rabbiners, erörterte in einem brillanten Essay die Ignoranz der Verweigerung das christliche Erbe Europas anzuerkennen; Weiler, J. H. H.: Ein christliches Europa. Salzburg 2004.

Anmerkung 116 – Seite 32

Vgl. Röpke, Wilhelm: Der Westen – seine Idee und seine Wirklichkeit; in: derselbe: Marktwirtschaft ist nicht genug. Waltrop 2009, S. 404.

Anmerkung 117 – Seite 32

Siehe Anmerkung 102.

Anmerkung 118 – Seite 32

Vgl. Röpke, Wilhelm: Grundfragen der Europäischen Wirtschaftsunion; in: derselbe: Marktwirtschaft ist nicht genug. Waltrop 2009, S. 215-223.

Anmerkung 119 – Seite 32

Vgl. Röpke, Wilhelm: Der Westen – seine Idee und seine Wirklichkeit; in: derselbe: Marktwirtschaft ist nicht genug. Waltrop 2009, S. 404.

In einem Brief an Ludwig Erhard vom 12.12.1957 titulierte Röpke diejenigen, die Europa unter dem Zentrismus integrieren wollen, als „patentierte Europäer". In diesem Brief verwies er auf seinen Vortrag „Gemeinsamer Markt und Freihandelszone", wo er sich – genau wie im Brief – unzufrieden mit der Weichenstellung der Integration Europas in der Folge des Schuman-Plans und der römischen Verträge zeigt. Im Vortrag zitiert Röpke zustimmend den Züricher Professor Böhler: *„Noch nie ist in der modernen Zeit außerhalb des Kommunismus und des Dritten Reichs die Herrschaft des Apparats so souverän schon in der Verfassung einer neuen politischen Organisation entworfen worden."*; Röpke, Eva

(Hg.): Wilhelm Röpke Briefe. Der innere Kompass 1934-1966. Zürich 1976, S. 156ff; Röpke, Wilhelm: Gemeinsamer Markt und Freihandelszone; in: derselbe: Wort und Wirkung. 1964, S. 119.

Der Schuman-Plan (09.05.1950) war der Impuls für die Gründung der Montanunion am 18.04.1951. Diese gilt gemeinhin als das erste Projekt der europäischen Wirtschaftsintegration. Die Römischen Verträge, mit denen die Europäische Wirtschaftsgemeinschaft (EWG) – die heutige EU – ihren Anfang nahm, wurden am 25.03.1957 unterzeichnet. Von deutscher Seite aus war in den Verhandlungen zur Montanunion und zur EWG maßgeblich der Rechtsprofessor Walter Hallstein eingebunden. Röpke haderte darob mit sich, hatte er selbst doch Hallstein – eine ordnungspolitische Fehlbesetzung – dem Bundeskanzler Adenauer auf Vorschlag von Ilau und Muthesius für den Schuman-Plan etc. als deutschen Verhandlungsführer empfohlen; Muthesius, Volkmar: Augenzeuge von drei Inflationen. Frankfurt/M. 1973, 2. Auflage, S. 224ff.; Hennecke, Hans Jörg: Wilhelm Röpke. Ein Leben in der Brandung. Stuttgart 2005, S. 188.

Der europäische Integrationsprozess spaltete sich von Beginn an in zwei Lager:
-> Das dezentristische Lager – zu welchem Röpke gehörte – bevorzugt(e) ein konföderiertes bis föderiertes Europa in der friedlichen und freien Gemeinschaft der „Vaterländer". Die

Mitgliedstaaten mit ihren verschiedenen regionalen und kulturellen Eigenheiten sollten im friedlichen Wettbewerb miteinander stehen. Ein Ansatz, welcher der europäischen Geschichte seine Referenz erweist; denn der Wettbewerb in der Klein- und Vielstaaterei war einer der wesentlichen Gründe für das Wunder Europas, nämlich den erfolgreichen Weg zu einem Mehr an Freiheit und Wohlstand für die Menschen des Okzidents zu gehen, insbesondere im Vergleich zu den despotischen Staaten des Orients.

-> Das zentristische Lager präferiert(e) ein zentristisch geführtes Europa mit einer mächtigen Zentrale. Diese Zentrale soll straff und streng dirigieren, allen Regionen und allen Mitgliedstaaten vorbehaltlos und unbedingt den Willen der Zentrale in Form einer uniformen Gleichheit aufzwingen können – wie eine von Technokraten und Ökonomokraten am Reißbrett entworfene Maschine.

Die Formulierungen der römischen Verträge waren derart, dass die „patentierten Europäer" ohne große Umstände die Weichen für eine zentristische EWG stellen konnten. Hallstein war wesentlich eingebunden in die Gestaltung der römischen Verträge und der EWG-Kommission (später EG-Kommission, heute EU-Kommission). In seinem Buch „Die Europäische Gemeinschaft" (Düsseldorf, 1979, 5. Auflage) ist er geradewegs stolz auf diese von ihm aufgebaute Kommission – er war deren erster Präsident –, die keiner exekutiven, legislativen oder judikativen Kontrolle unterliegt, unabhängig von Regierungen oder Weisungen der Mitgliedsstaaten und ausgerüstet mit dem Monopol der Gesetzesinitiative. Wegen dieser Schwärmerei, der sich die „patentierten Europäer" meist anschließen, ist man geneigt George Santayana – *„Wer sich nicht an die Vergangenheit erinnern kann, ist dazu verdammt, sie zu wiederholen"* – zu zitieren! Geht man nämlich einige Jahrzehnte in die Vergangenheit zurück, so findet man in den organisatorischen Strukturen der EWG-Institutionen (heute EU-Institutionen) unerfreuliche Parallelen mit den faschistischen Organisationsformen Italiens, wie diese in dem 1939 erschienenen Buch „Faschismus. Entwicklung und Lehre" von Carlo Costamagna beschrieben wurden. Unerquicklich sind auch die Parallelen mit einer Rede Hallsteins vom 23.01.1939, die er als Dekan der Fakultät für Rechts- und Wirtschaftswissenschaften vor den Spektabilitäten der Rostocker Universität und der „braunen" Prominenz Rostocks hielt, der „Norddeutsche Beobachter" druckte die Rede damals 1939 ab. Diese Rede zur „Rechtseinheit" im „braunen" Deutschland" kann als rechtspolitisches Drehbuch gelesen werden, wie Zug um Zug regionale Gesetzesunterschiede und/oder Gewohnheits- rechte abgebaut und alle Regionen und Provinzen unter einer straff organisierten Zentrale gleichzuschalten sind. Der Inhalt der Rede lädt zwingend zu dem logischen Schluss ein, dass Hallstein seine Ansichten zur Rechtspolitik, die er im Einklang mit dem „braunen" Ungeist und für diesen entwickelt hatte, ohne Schwierigkeiten auf das römische

Vertragswerk übertrug und insbesondere in die praktische Organisation der EWG-Institutionen einbrachte.

Folglich ist der Zentrismus der EU-Institutionen keine Überraschung: Egalitarismus in allen Bereichen durch die Gleichschaltung der EU-Staaten mittels EU-Harmonisierungs-Richtlinien, Umkehrung des Subsidiaritätsprinzips durch den EU-Zentrismus, Solidarität als zentralistische Transferunion und so fort.

Bei Kenntnis der Rostocker Rede Hallsteins hätten Röpke, Muthesius und Ilau wahrscheinlich keine Empfehlung für Hallstein ausgesprochen.

Anmerkung 120 – Seite 33

Röpke, Wilhelm: Internationale Ordnung – heute. Bern 1979, 3. Auflage, S. 342.

Muthesius fasste die Alternativen zum Gold kurz und knapp zusammen: *„Vom Goldstück zum Schuldengeld"*; Muthesius, Volkmar: Augenzeuge von drei Inflationen. Frankfurt/M. 1973, 2. Auflage, Vorwort. Und Baader nannte die Alternativen noch kürzer und treffender *„Geldsozialismus"*; Baader, Roland: Geldsozialismus. Gräfeling 2010.

Ausführlich zu Röpkes Ansichten zur Goldwährung und zum Gold als Geld, siehe Warneke, Sara: Die europäische Wirtschaftsintegration aus der Perspektive Wilhelm Röpkes. Stuttgart 2013, S. 50-58.

Röpkes Ansichten bezüglich der allgemeinen Währungs-
politik und zu einer Währungsunion waren auch
Gegenstand einer Röpkevorlesung, siehe Feld, Lars: Europa
in der Welt von heute: Wilhelm Röpke und die Zukunft der
Europäischen Währungsunion; Freiburger Diskussionspapiere zur Ordnungsökonomik 12/2. Freiburg 2012, S. 8ff.

Anmerkung 121 – Seite 34

Röpkes Positionen zur europäischen Wirtschaftsintegration
sind immer im Zusammenspiel mit seinen Vorstellungen zu
einer integrierten Weltwirtschaft zu sehen. Dieser
Gesichtspunkt wird ausführlich behandelt durch Warneke,
Sara: Die europäische Wirtschaftsintegration aus der
Perspektive Wilhelm Röpkes. Stuttgart 2013, Kapitel 2 und 3.
Vgl. auch Röpke, Wilhelm: Internationale Ordnung – heute.
Bern 1979, 3. Auflage, vierter Teil, zweites Kapitel.

Vor dem, was heute unter dem Stichwort „Globalisierung"
gebündelt wird, hatte Röpke keine Furcht. Röpke kannte die
liberale Weltwirtschaftsordnung der Jahrzehnte vor dem I.
Weltkrieg – Muthesius nannte diese Zeit *„eine*
marktwirtschaftliche Internationale … die zu einem hohen
Freiheitsgrad gelangte, ein Maximum an globaler Integration
verwirklichende Weltwirtschaft". Diese Sicht honorierte vor
einem Vierteljahrhundert erstaunlicherweise sogar „Der
Spiegel". Dort war zu lesen, dass jene Jahrzehnte die Zeit der
eigentlichen Globalisierung waren. Den Grad der
Verzahnung der internationalen Arbeitsteilung der

wichtigsten Volkswirtschaften untereinander und das Niveau des Welthandels, den die Weltwirtschaft 1913 am Vorabend des I. Weltkriegs erreicht hatte, wurde erst wieder annähernd im letzten Jahrzehnt des 20. Jahrhundert erreicht, vgl. Schumann, Harald: Die Globalisierung. „Revolution des Kapitals"; in: Der Spiegel, Heft 25/1999, S. 122ff.

Anmerkung 122 – Seite 34
Siehe Anmerkung 64.

Anmerkung 123 – Seite 34
Die Analogie mit dem deutschen Zollverein konnte Röpke nicht teilen; vgl. Röpke, Wilhelm: Europa – Einheit in der Vielheit; in: derselbe: Marktwirtschaft ist nicht genug. Waltrop 2009, S. 237.

Die Wirtschaftsdiktatur einer Superbürokratie, geführt von Technokraten und Ökonomokraten lehnte Röpke stets ab; Röpke, Wilhelm: Zu spät und nicht zu spät. Europa als geistige, politische und wirtschaftliche Aufgabe; in: derselbe: Marktwirtschaft ist nicht genug. Waltrop 2009, S. 231. Bürokratismus, Technokratismus und Ökonomokratismus waren für Röpke nicht die Klammer, die Europa zusammenhält, sondern das kulturelle Erbe sei die natürliche Klammer Europas; Röpke, Wilhelm: Europa – Einheit in der Vielheit; in: derselbe: Marktwirtschaft ist nicht genug. Waltrop 2009, S. 249.

Dass das Beispiel des deutschen Zollvereins sowieso hinkt, arbeitete Bökenkamp heraus. Der Zollverein unter Preußens

Führung wurde 1834 gegründet, ihm gehörten nord- und süddeutsche Staaten an, Hessen-Darmstadt war sogar schon 1828 dem preußischen Zollgebiet beigetreten. Die wirtschaftliche Integration zwischen den Staaten des Zollvereins verlief zügig. Nichtsdestotrotz, im preußisch-österreichischen Krieg von 1866 standen Bayern, Baden, Hannover, Hessen-Darmstadt und Württemberg als Mitglieder des Zollvereins an der Seite Österreichs gegen Preußen, während mehrere andere Staaten, die dem Zollverein nicht angehörten, an der Seite Preußens kämpften. Ergo, eine erfolgreiche wirtschaftliche Integration verhindert keine Konflikte zwischen den beteiligten Staaten. Siehe Bökenkamp, Gérard: Euro und Europa. Frieden durch gemeinsame Währung. Gibt es dafür historische Belege?; https://ef-magazin.de/2011/01/07/2785-euro-und-europa-frieden-durchgemeinsame-waehrung.

Anmerkung 124 – Seite 34

Für Europa als dritte Weltmacht zwischen USA und Sowjetunion sei es nach zwei verheerenden Weltkriegen zu spät. Denjenigen, die von einem paneuropäischen Imperium träumten, entgegnete Röpke, dass Europa gegen die Sowjetunion nur durch das amerikanische Potential und durch organisierten Widerstand des gesamten Westens bestehen kann; Röpke, Wilhelm: Zu spät und nicht zu spät. Europa als geistige, politische und wirtschaftliche Aufgabe; in: derselbe: Marktwirtschaft ist nicht genug. Waltrop 2009, S. 224 und S. 227f.

Weiter Röpke war der Überzeugung, dass der Westen – im engeren Sinne das Abendland – dem „Pseudo-Islam" Kommunismus nur standhalten kann, wenn das Abendland das moralisch-sittliche Erbgut des Christentums bewahrt. Dies sei nur in einer freiheitlichen Gesellschafts- und Wirtschaftsordnung möglich, in der ökonomisch ignoranter Moralismus und moralisch abgestumpfter Ökonomismus kein Spielfeld finden; Röpke, Wilhelm: Der Westen – seine Idee und seine Wirklichkeit; in: derselbe: Marktwirtschaft ist nicht genug. Waltrop 2009, S. 411f.

Die ökonomische Überlegenheit des Westens gegenüber dem Sowjetimperium stand für Röpke außer Frage. Doch „der Weltkampf gegen den Kommunismus kann nicht länger mit Radiotruhen, Kühlschränken und Breitwandfilmen gewonnen werden." Konsumismus und Materialismus ohne jegliches geistiges Rüstzeug!

Der Autor der „Gesellschaftskrisis der Gegenwart" erachtete dies als nicht ausreichend, um die westliche Zivilisation gegen die „universalistische Ersatzreligion" Kommunismus [Röpke, Wilhem: Maß und Mitte. Zürich 1950, S. 35] zu verteidigen; Röpke, Wilhelm: Jenseits von Angebot und Nachfrage. Die Marktwirtschaft ist nicht alles; in: derselbe: Marktwirtschaft ist nicht genug. Waltrop 2009, S. 304f.

Anmerkung 125 – Seite 34

Vgl. Röpke, Wilhelm: Europa – Einheit in der Vielheit; in: derselbe: Marktwirtschaft ist nicht genug. Waltrop 2009, S. 247ff.

Anmerkung 126 – Seite 34

Röpke, Wilhelm: Zu spät und nicht zu spät. Europa als geistige, politische und wirtschaftliche Aufgabe; in: derselbe: Marktwirtschaft ist nicht genug. Waltrop 2009, S. 229.

Anmerkung 127 – Seite 35

Vgl. zu diesem Aspekt Röpke, Wilhelm: Zu spät und nicht zu spät. Europa als geistige, politische und wirtschaftliche Aufgabe; in: derselbe: Marktwirtschaft ist nicht genug. Waltrop 2009, S. 227; derselbe: Ethik und Wirtschaftsleben; in: derselbe: Marktwirtschaft ist nicht genug. Waltrop 2009, S. 287 und derselbe: Der Westen – seine Idee und seine Wirklichkeit; in: derselbe: Marktwirtschaft ist nicht genug. Waltrop 2009, S. 402.

Anmerkung 128 – Seite 35

Siehe dazu Warneke, Sara: Die europäische Wirtschaftsintegration aus der Perspektive Wilhelm Röpkes. Stuttgart 2013, Kapitel 4. Warneke erörtert dort neben Röpkes Integrationsvorstellungen (S. 200ff.) auch Erhards, Hayeks und Müller-Armacks Ansichten zur europäischen Integration.

Anmerkung 129 – Seite 35

Röpke, Wilhelm: Wider den Bildungsjakobinismus. Heroldsberg 1979. In dieser Broschüre finden sich Röpkes Ansichten zur Bildungspolitik und zur sogenannten Bildungsreform gebündelt gesammelt. Wenn nicht anders vermerkt, so sind Röpkes Positionen in den folgenden Ausführungen dieser Broschüre entlehnt.

Anmerkung 130 – Seite 35

Das neuhumanistische Bildungskonzept ist eng verknüpft mit dem Namen des preußischen Reformers Wilhelm von Humboldt (1767-1835). Humboldt, wie auch die übrigen Neuhumanisten, waren Gegner der utilitaristischen Aufklärungspädagogik, welche die Schule rein nach der Nützlichkeit, der Brauchbarkeit und der Zweckmäßigkeit für den Staat und das Gewerbe betrachtete. Etwas spitz formuliert heißt dies, dass die Pädagogen der Aufklärungsepoche die Schule unter dem Aspekt betrachteten, dass sie nützliche, brauchbare Idioten für den Staat und das Gewerbe zu züchten hat. Vgl. dazu Vallentin, Rudolf: Wilhelm von Humboldts Bildungs- und Erziehungskonzept. München und Mering 1999, S. 29-86. Dort stellte Vallentin verschiedene Bildungskonzepte der Aufklärungspädagogen vor und diskutierte diese. Im Anschluss setzte Vallentin sich mit dem Konzept Humboldts auseinander, Vallentin zeigte, dass Humboldts Konzept als

Gegenposition zur Aufklärungspädagogik politisch motiviert war, und zwar ruhend auf der politischen Philosophie und Anthropologie Humboldts; Vallentin, Rudolf: Wilhelm von Humboldts Bildungs- und Erziehungskonzept. München und Mering 1999, S. 90-126. Humboldt wollte keine nützlichen, brauchbaren Idioten züchten, sondern nach der neuhumanistischen Konzeption sollten Schulen und Universitäten eine notwendige, umfassende Ausbildung des Geistes leisten, um dadurch autonome Individuen, freie, charakterfeste, selbständige und selbstbewusste Menschen hervorzubringen. Das profunde Mittel dieses Ziel zu realisieren war für Humboldt und die anderen Neuhumanisten die Schulung in den klassischen Altertumswissenschaften. Die Leistungsstärke dieser Art von Bildung lag gerade in der inneren Distanz zu dieser Form der Bildung – Johnston notierte, dass ein Halbwüchsiger, der als Achtzehnjähriger seinen Sophokles verdaut hatte, sich nicht scheute seine eigenen Maximen aufzustellen; Johnston, William M.: Österreichische Kultur- und Geistesgeschichte. Wien 1992, 3. deutschsprachige Auflage, S. 82. Lernen um des Lernens willen, so dass neben den intellektuellen Fähigkeiten auch die moralischen geformt wurden: Selbständigkeit, Disziplin, Arbeitsethik und so fort; Landfester, Martin: Humanismus und Gesellschaft im 19. Jahrhundert. Darmstadt 1988, S. 47f.

Zu erwähnen ist noch, dass Humboldt – gemäß seiner politischen Philosophie – die Wirksamkeit des Staates begrenzen wollte. Um seine neuhumanistische Bildungsreform durchzusetzen brauchte er jedoch den preußischen Staat. Eigentlich wurde somit ab 1809 durch Humboldts Tätigkeit als «Geheimer Staatsrat und Direktor der Sektion für Kultus und Unterricht» die Macht des Staates ausgeweitet und nicht begrenzt.Im Ancien Régime oblag das Schulwesen meistenteils den Kirchen, diese hätten also im Rahmen ihrer Möglichkeiten ein Gegengewicht zur staatlichen Macht bilden können. Doch nach der Niederlage gegen Napoleon Bonaparte wurde im Rahmen der preußischen Reformen auch das Schul- und Universitätswesen zur staatlichen Aufgabe gemacht – der preußische Staat zog das Bildungsmonopol an sich und erlangte dadurch mehr Macht. Dieses Mehr an Macht hat der Staat nie mehr aus der Hand gegeben.

Anmerkung 131 – Seite 36

1959 wurde der „Rahmenplan zur Umgestaltung und Vereinheitlichung des allgemein bildenden öffentlichen Schulwesens" verabschiedet. Georg Picht, der als Ausschussmitglied an der Gestaltung des Rahmenplans mitwirkte, warnte 1964 vor einer deutschen „Bildungskatastrophe". Ralf Dahrendorf (später Lord Dahrendorf) griff das Thema auf, entriss Picht den Stab als Staffelläufer und der vorgebliche „Liberale" Dahrendorf machte sich die Abwehr der „Bildungskatastrophe" zu eigen; Dahrendorf, Ralf: Aktive Bildungspolitik ist ein Gebot der Bürgerrechte: Motive des Wandels.

https://www.zeit.de/1965/46/eine-aktive-bildungspolitik-fuer-deutschland.

Dahrendorf gehörte zu den „Gründervätern" der „Reformuniversität" Konstanz, wurde FDP-Landtags- und Bundestagsabgeordneter, um schließlich Mitglied der EG-Kommission zu werden. Als „Bildungspolitiker" trieb er die Bildungsreformen voran, die das rückständige deutsche Bildungssystem auf modern trimmen sollten. Anstatt, dass rückständig und antiquiert nur eine handvoll Teilnehmer in einem Seminar konstruktiv und produktiv arbeitete, ist es auch ein Erfolg Dahrendorfs, dass es seither üblich ist, dass Hunderte zur gleichen Zeit im selben Seminar sitzen, um endlich fortschrittlich, aber demotiviert, kontraproduktiv und destruktiv arbeiten zu dürfen.

Dahrendorf floh 1974 an die elitäre London School of Economics (LSE) [nach den Maßstäben, die der Bildungspolitiker Dahrendorf für Deutschland als fortschrittlich anlegte, war die LSE damals eine fürchterlich rückständige, prähistorische und von elitären Dünkel geschüttelte Bildungsstätte] und Dahrendorf wurde Direktor der LSE. Die LSE kannte Dahrendorf, dort hatte er – nach seiner deutschen Promotion – ein zweites Promotionsstudium absolviert. Er setzte an der LSE keine seiner bundesdeutschen Reformpläne um, sondern beließ die LSE in ihrem prähistorischen, rückständigen, elitären Zustand. An der LSE gab es zu Zeiten des Rektors

Dahrendorf – so wie heute natürlich auch noch – weiterhin kleine, überschaubare Seminare, Übungen und so fort. Selbstverständlich wurden die Studiengebühren, für deren Abschaffung Dahrendorf in Deutschland tapfer und verwegen gefochten hatte, an der LSE auch unter Dahrendorf nicht abgeschafft, sondern eher noch verschärft; noch andere Dinge könnten hier notiert werden. Kurz und knapp: Dahrendorf gehörte zu denen, die in Deutschland ein gutes, ein tüchtiges und bewährtes Bildungssystem mutwillig zerstören halfen. Bei Dahrendorf mit dem Sahnehäubchen verziert, dass er – nach getaner Zerstörungsarbeit – an eine prähistorische, nicht-deutsche Bildungsstätte wechselte und dort Karriere machte.

Anmerkung 132 – Seite 36

Dokumentiert wurde die damalige Diskussion durch Knewitz, Johannes: Bildung! Aber welche?: Bundesdeutsche Bildungskonzeptionen im Zeitalter der Bildungseuphorie (1963-1973) und ihr politischer Niederschlag am Beispiel von Bayern und Hessen. Göttingen 2018. Dort finden sich im zweiten Hauptteil – Bildungspolitik in den Ländern – beim Beispiel Bayern interessante Anekdoten. Der damalige bayrische Kultusminister Ludwig Huber galt als Verteidiger des klassischen Bildungskonzepts, der gegen den „verplanten Menschen" polemisierte. Nichtsdestotrotz, derselbe Huber griff im gleichen Atemzug das klassische Bildungskonzept als nicht weiter zeitgemäß an, dabei benutzte er ein Vokabular, welches ähnlich dem der Kritiker im 19. Jahrhundert war, und Huber jonglierte bei seiner Kritik ebenfalls mit den quantitativen – nur scheinbar ökonomischen – Vorwürfen gegen die klassische Bildung, die dem Fundus der Bildungsreformer entnommen waren.

War das deutsche „Bildungssystem" damals Ende der 1950er und zu Beginn der 1960er Jahre tatsächlich so rückständig, wie uns dies die euphorischen Bildungsreformer glauben machen wollen? Immerhin hatte doch dieses „prähistorische", antiquierte, absolut rückständige und ein für die Moderne komplett untaugliches Schul- und Bildungssystem auf allen Ebenen des dreigliedrigen Schulsystems den Menschenschlag hervorgebracht, der die Bundesrepublik Deutschland, welche als Land der Ruinen zu starten hatte, innerhalb der zehn Jahre nach dem Start – hinter den USA – zur erfolgreichsten und effektivsten Industrienation formte? Termine und Pläne – auch bei Großprojekten – wurden eingehalten, U-Bahn-Projekte vollendeten nicht – siehe Kölner Stadtarchiv – die Zerstörungen des II. Weltkriegs, es wurde zügig und korrekt gebaut und produziert.

Beantwortete Dahrendorf die Frage nach der Rückständigkeit des damaligen deutschen Bildungssystems durch seine Flucht an die LSE nicht selbst? Übrigens, für Dahrendorf hat sich die Flucht an eine – nach seinen 1960er Maßstäben – elitäre, rückständige Bildungsstätte gelohnt, er wurde anschließend sogar Prorektor der elitären Universität

Oxford, schließlich von der Queen zum Ritter geschlagen („Sir" Dahrendorf), um 1993 als naturalisierter Brite zum „Peer" des „Vereinigten Königreichs" zu avancieren – Lord Dahrendorf, Baron of Clare Market in the City of Westminster.

Gegen das deutsche Schulsystem wurde damals ins Feld geführt, dass nur 20% eines Jahrgangs den Zugang zu den Pforten der Hochschulen fanden, während in den USA fast 80% eines Jahrgangs die Hochschulreife erlangten. Es wurden schwerpunktmäßig nur quantitative Vergleiche aufgestellt. Jedoch eine redliche vergleichende Analyse hätte eine Kombination aus „Quantität" und „Qualität" sein müssen. Rothbard gab der Bildungsqualität jener 80% jedenfalls schlechte Noten; Rothbard, Murray N.: Der Verrat an der amerikanischen Rechten. Grevenbroich 2017, S. 59f.

Ein weiterer Vorwurf, der ständig aus den Reihen der Bildungsreformer zu hören war und ist, betrifft die vorgebliche Undurchlässigkeit des alten Bildungssystems: Die Kinder hätten, wenn sie auf der Volksschule ausharren mussten, in diesem alten Bildungssystem keinerlei Chancen auf eine höhere Bildung. War dem so? Ich kann mich an einen Fachhochschulprofessor der Betriebswirtschaftslehre erinnern, dessen Weg hieß: Volksschule, Handelsschule, Höhere Handelsschule, Durchlauf einer auf zwei Jahre verkürzten kaufmännischen Lehre. Dadurch erwarb und nutzte er das Recht an der Universität Betriebswirtschaftslehre zu studieren, mit den Abschlüssen zum Diplom-Kaufmann und zum Doktorat in Betriebswirtschaftslehre, so dass er im Alter von knapp dreißig Jahren Fachhochschulprofessor wurde. Ein anderes Beispiel ist der erste Bundeswirtschaftsminister Ludwig Erhard. Dieser hatte – ohne Abitur – an der Handelshochschule Nürnberg zum Diplom-Kaufmann abgeschlossen und anschließend ein volkswirtschaftliches Promotionsstudium bei Franz Oppenheimer an der Universität Frankfurt/M. absolviert. Wer ein wenig recherchiert, kann und wird viele derartige Beispiele finden.

Anmerkung 133 – Seite 36
Vgl. Landfester, Martin: Humanismus und Gesellschaft im 19. Jahrhundert. Darmstadt 1988, S. 62-72.

Insbesondere aus dem neu entstandenen Wirtschaftsbürgertum hagelte es im 19. Jahrhundert vehemente Kritik. Diese Kreise sahen die humanistische Bildung als untauglich für die Anforderungen, die durch die technische-industrielle Welt und die modernen Naturwissenschaften real gegeben waren. Das Wirtschaftsbürgertum verlangte eine realistische, den Erfordernissen der praktischen Welt entsprechende Schulbildung. Jene Einwände klingen ziemlich aktuell, als ob sie in der Gegenwart geäußert wurden. Diesen Einwänden kann man entgegenhalten, dass der Prozess der Industrialisierung im 19. Jahrhundert gerade von den Männern geleistet wurde, die das untaugliche humanistische

Bildungssystem durchlaufen hatten. Jedenfalls war der überwiegende Teil der Naturwissenschaftler nicht einer Meinung mit dem Wirtschaftsbürgertum. In der Regel verteidigten die Naturwissenschaftler während des ganzen 19. Jahrhundert das humanistische Gymnasium als die taugliche Bildung für die Herausforderungen des technisch-naturwissenschaftlichen Zeitalters. Der Erfolg einer Bildung hängt eben nicht von der Berufsbezogenheit der Bildung ab, sondern von der Leistung des Bildungswesens die Fähigkeiten des Menschen zweckfrei zu entwickeln; Landfester, Martin: Humanismus und Gesellschaft im 19. Jahrhundert. Darmstadt 1988, S. 67f. und S. 104 Der Historiker Nipperdey illustrierte diese These, seine Forschungen legten offen, dass mindestens die Hälfte der bedeutenden naturwissenschaftlichen Entdeckungen in der ersten Hälfte des 19. Jahrhunderts auf das Konto deutscher Wissenschaftler ging, die zudem diese Entdeckungen in die technische Verwertbarkeit einbrachten und somit dem praktischen Gewerbe zuführten. Die Leistungen jener Naturwissenschaftler sind mit Blick auf die Industrialisierung Deutschlands kaum zu überschätzen. Und es waren dies Wissenschaftler, die das humanistische Gymnasium durchlaufen hatten. Nipperdey, Wolfgang: Deutsche Geschichte 1800-1866. München 1983, S. 493ff.

Humboldts Reform des preußischen Schul- und Universitätswesen hatte zu Beginn kaum Freunde beim Adel als Repräsentant des politischen Konservatismus. Bis dahin dem Adel vorbehaltene Positionen in der Staatsverwaltung standen, weil für solche nunmehr höhere Bildung und Staatsexamen zur Voraussetzung wurden, nun auch Bürgerlichen offen. Der Adel spürte die für ihn unangenehme Konkurrenz des Bürgertums. Bismarck z. B. mochte das humanistische Gymnasium ganz und gar nicht, das er als Erziehungsanstalt zur republikanischen Gesinnung zeichnete. Er notierte in seinen Erinnerungen, dass er Ostern 1832 nach bestandenem Abitur das Gymnasium als Pantheist verließ, mit „der Überzeugung, dass die Republik die vernünftigste Staatsform sei". Zitiert nach Landfester, Martin: Humanismus und Gesellschaft im 19. Jahrhundert. Darmstadt 1988, S. 107.

Auch wenn durch die Karlsbader Beschlüsse 1819 der ursprüngliche Reformprozess in Preußen ins Stocken geriet, die Chance des Aufstiegs im preußischen Staat mittels der höheren Bildung blieb und wurde vom Bürgertum im 19. Jahrhundert auch konsequent genutzt – es bildete sich das, was allgemein unter dem Label „Bildungsbürgertum" gebündelt wird. Vgl. Landfester, Martin: Humanismus und Gesellschaft im 19. Jahrhundert. Darmstadt 1988, S. 59ff., S. 73-85 und S. 119-132.

Anhand von Landfesters Untersuchungen wird klar, dass das neuhumanistische Bildungs- und Erziehungskonzept für die Begabten aus den nichtadeligen Ständen durch das ganze 19. Jahrhundert hindurch die vielfach genutzte Chance bot, um gesellschaftlich und/oder im Staatsdienst Ansehen zu erwerben und in vielen Bereichen, die im Ancien Régime dem Adel vorbehalten waren, diesem zumindest auf Augenhöhe begegnen konnten. Der freiheitliche Ansatz heißt eben ganz einfach die Chancen, die sich bieten, auch zu nutzen, um die unterschiedlichen Startbedingungen auszugleichen – dies ist die Freiheit der Chancen, nicht die Chancengleichheit. Dies ist etwas qualitativ gänzlich anderes als die von Dahrendorf in den 1960er Jahren betriebene Chancengleichheit. Menschen sind von Natur aus ungleich, jeder Mensch ist ein Unikat mit gänzlich unterschiedlichen Begabungen, die Menschen werden zudem unterschiedlich sozialisiert und entwickeln sich verschieden. Chancengleichheit kann nur die Chancengleichheit gemäß den persönlichen Fähigkeiten sein. Hayek erläuterte in einem Interview mit der „Wirtschaftswoche", dass die „Chancengleichheit" à la Dahrendorf die Zerstörung der Familien und den totalitären Staat bedeutet; Hayek, Friedrich August von: Ungleichheit ist nötig; in: Wirtschaftswoche Nr. 11/06.03.1981, S. 40. Da die Familie (siehe Anmerkung 56) die Urzelle, die Keimzelle jeder freien Gesellschaft ist, bedeutet die Zerstörung der Familien durch die totale Durchsetzung der Chancengleichheit zwangsläufig auch die Zerstörung der Freiheit. Zerstörung der Institution Familie ist bei der totalen Chancengleichheit notwendig; denn ein Kind mit gebildeten Eltern hat Vorteile gegenüber einem Kind, dessen Eltern nur angelernte Tagelöhner ohne

Schulabschluss sind. Durchsetzung der Chancengleichheit heißt also, dass den Eltern die Kinder staatlicherseits wegzunehmen sind, um alle Kinder in Staatsanstalten auf das gleiche Niveau zu bilden. Daraus folgt – wegen der unterschiedlichen Talente –, dass die Bildung, wenn die Chancen gleich sein sollen, auf dem niedrigsten Niveau einzudampfen ist.

Deutschland ist ein Hochlohnland, das über keine Rohstoffe verfügt und folglich nur als Hochtechnologie- und Hochqualifikationsland sein Niveau im internationalen Wettbewerb verteidigen kann. Die einzige natürliche Ressource Deutschlands ist das Humankapital, das auf höchstem Niveau leistungsmotiviert und leistungsorientiert ausgebildet sein sollte. Ergo, in einem solchen Land „Chancengleichheit" à la Dahrendorf durchsetzen zu wollen, ist nicht nur freiheitsfeindlich, sondern mit dem Motiv zum kollektivem Selbstmord des deutschen Gemeinwesens gleichzusetzen. Wieweit der intellektuelle Niedergang Deutschlands schon fortgeschritten ist, ist daran zu erkennen, dass eine aus angeblichen Intellektuellen zusammengesetzte Kommission den Ausdruck „Humankapital" zum Unwort des Jahres 2004 kürte.

Anmerkung 134 – Seite 37
Röpke, Wilhelm: Jenseits von Angebot und Nachfrage. Bern 1979, 5. Auflage, S. 85.

Anmerkung 135 – Seite 37

Röpke, Wilhelm: Jenseits von Angebot und Nachfrage. Bern 1979, 5. Auflage, S. 85.

Anmerkung 136 – Seite 38

Siehe dazu die vielen Quellen bei Schoeck, Helmut: Schülermanipulation. Wie man unseren Kindern das „richtige Bewußtsein" beibringt. Aufklärung für Eltern und Erzieher. Freiburg 1976, derselbe: Das Recht auf Ungleichheit. München 1982 und derselbe: Kinderverstörung: Die missbrauchte Kindheit. Umschulung auf eine andere Republik. Asendorf 1989.

Zur Klarstellung:

Unter freiheitlichen Aspekten wäre es in den 1960er Jahren angemessen gewesen, wenn ein Wettbewerb zwischen den Schulformen zugelassen worden wäre. Das alte deutsche Schul- und Bildungssystem hätte dann Konkurrenz bekommen, nämlich die Schulformen, die damals von den Bildungsreformern propagiert wurden. Da Wettbewerb das „genialste Entmachtungsinstrument der Geschichte" (Anmerkung 79) ist, hätte es sich mittels Wettbewerb, der in der Regel auch gegenseitig befruchtet, herausstellen sollen, welche Schulform die Menschen heranbildet, die den Anforderungen des Lebens am besten gewachsen sind.

Theoretisch ist so etwas möglich, da im Art. 7, Ab. 1 GG nur vermerkt ist, dass das gesamte Schulwesen unter der Aufsicht des Staates steht. Demzufolge könnte ein

Wettbewerb der Schulformen unter staatlicher Aufsicht ohne Umstände durchzuführen sein.

Da Politiker – trotz aller anders klingenden Phrasen – den Wettbewerb nicht mögen, war und ist eine derartige Option mehr oder weniger utopisch. Außerdem treten Politiker aller Couleur in der Regel mit dem Ziel an, ein Gemeinwesen nach eigener Façon verunstalten zu können. Gerade die Bildungspolitik bietet hierfür in Deutschland, einem Land mit staatlichem Bildungsmonopol und Schulzwang, vielfältige Möglichkeiten. Die Gestaltung des Rahmens der Lehrinhalte und Schulpläne liegt in der Direktive der regierenden Politiker. Man studiere die weiter oben genannte Literatur Schoecks und reflektiere akkurat die Argumentationsketten Schoecks. Das Ergebnis heißt, dass Regierungspolitiker aus den „kulturmarxistischen" Kreisen durch das Vehikel Bildungspolitik reichlich Chancen haben alte sozialistische Ziele, wie die Zersetzung und Zerstörung der Familien, umzusetzen. Wie in Anmerkung 56 dargelegt wird, die Familie ist die Keimzelle jedes Gemeinwesen, eben auch ganz besonders die Urzelle eines freiheitlichen Gemeinwesens.

Unterstützt werden „kulturmarxistische" Politiker durch das Karlsruher Bundesverfassungsgericht (siehe Pressemeldung des   Christoferuswerks; https://ef-magazin.de/2009/08/08/1405-karlsruher-skandal-urteil--auf-dem-weg-in-eine-staatliche-erziehungsdiktatur). In einem Urteil vom 21.07.2009 hebelte das Bundesverfassungsgericht weite Teile des elterlichen Erziehungsrechts, das eigentlich auch grundgesetzlich verankert ist, mehr oder weniger aus. In diesem Urteil heißt unter anderem, dass der Staat gemäß Grundgesetz den Erziehungsauftrag hat – doch im oben genannten Art. 7 GG steht etwas gänzlich anderes. Mit diesem Urteil konterkarierte Karlsruhe ein eigenes Urteil vom 10.08.2006, welches das Grundrecht der Eltern auf Erziehung als natürliches und nicht vom Staat verliehenes Recht bezeichnete.

Durch das Urteil vom 21.07.2009 hat Karlsruhe den „kulturmarxistischen" Bildungspolitikern eine Unzahl von Trümpfen in die Hand gegeben, um mittels „staatlichem Erziehungsauftrag" – von den Kindergärten über die Schulen bis hin zu den Hochschulen – das Gemeinwesen im Sinne „kulturmarxistischer" Phantasien zu verunstalten.

Weiter, wer annimmt, ich gehöre zu den Verteidigern des klassischen Bildungssystems und hätte dieses Bildungssystem durchlaufen, der irrt. Erstens, ich habe den etwas steinigeren zweiten Bildungsweg durchlaufen und genossen; und gerade deswegen halte ich nichts von den Bildungsneurosen etlicher Bildungskulturmarxisten. Zweitens, ich befürworte – siehe oben – grundsätzlich den Wettbewerb zwischen den Schulformen und sympathisiere deshalb selbstverständlich auch mit dem „Home-Schooling";

vgl. zum Wettbewerb der Schulformen z. B. Liechtenstein,
SD Hans Adam II. von: Der Staat im dritten Jahrtausend.
Bern 2010, 2. Auflage, S. 136-140.

Zu: Die heutige Arena eines Wilhelm Röpkes?

Anmerkung 137 – Seite 38
Siehe Anmerkung 110.

Anmerkung 138 – Seite 39
Baader, Roland: Kreide für den Wolf. Die tödliche Illusion
vom besiegten Sozialismus. Böblingen 1991.

Anmerkung 139 – Seite 39
Hunold, Albert (Hg.): Gegen die Brandung. Erlenbach-
Zürich 1959.

Anmerkung 140 – Seite 39
Angelehnt an die Titelwahl von Schweizer, Joerg E.: Zu
Biographie und Werk von Wilhelm Röpke. Oder: Die
brennende Krise der Gegenwart. München 2010. Dies ist ein
feine Verbeugung vor Röpkes ersten Band der Trilogie „Die
Gesellschaftskrisis der Gegenwart".

Anmerkung 141 – Seite 39
Siehe Anmerkung 65 und den dazugehörigen Textteil.

Anmerkung 142 – Seite 39

Siehe Anmerkung 2; dort wird auf die schnelle Auffassungsgabe Röpke verwiesen und auf sein Talent in „Headlines" denken zu können.

Anmerkung 143 – Seite 39

Röpke schöpfte Begriffe wie „komfortable Stallfütterung" (siehe Anmerkung 66) oder „Fiskalsozialismus" (siehe Text zur Anmerkung 88); und Baader schöpfte prägnante Begriffe, so sprach er vom „wohlfahrtsstaatlichen Samtpfotensozialismus" und vom „maßlosen Fiskalkleptokratismus"; Baader, Roland: Totgedacht – Warum Intellektuelle unsere Welt zerstören. Gräfeling 2002, S. 70f.

Auch dem Buch Baader, Roland: Fauler Zauber. Schein und Wirklichkeit des Sozialstaats. Gräfeling 1998, 2. Auflage hätte Röpke seine Zustimmung nicht versagt.

Anmerkung 144 – Seite 39

Siehe Anmerkung 56.

Anmerkung 145 – Seite 39

Siehe Anmerkung 56.

Anmerkung 146 – Seite 40

Siehe Anmerkung 59.

Anmerkung 147 – Seite 40

Siehe Anmerkung 59. Ersetzt man die damaligen eugenischen Begriffe, die Chesterton noch gebrauchte, durch das heutige – im obigen Text umschriebene – Vokabular, so stellt man fest, dass Chestertons Essay doch noch immer aktuell ist.

Anmerkung 148 – Seite 40

Anatoli Lunatscharski (1875–1933), in der damaligen Sowjetunion Kommissar für Erziehung zur Familie: *„Unsere jetzige Aufgabe ist die Zerstörung der Familie und die Ablösung der Frau von der Erziehung ihrer Kinder. Wenn wir in unseren Gemeinschaftshäusern gut vorbereitete Abteilungen für Kinder organisiert haben, ergibt es sich zweifellos, dass die Eltern ihre Kinder von allein dorthin senden werden, wo sie durch medizinisch und pädagogisch qualifiziertes Personal überwacht sind. Dadurch werden zweifellos Ausdrücke wie meine Eltern oder unsere Kinder immer weniger gebraucht werden und durch Begriffe wie die Alten, die Kinder, die Säuglinge ersetzt werden.“* Siehe Lunatscharski, Anatoli: https://www.familiengerechtigkeit-rv.de/zitate-2/. Tauscht man Lunatscharskis rauhes Vokabular gegen das Programm und den Wortschatz der heutigen KITA- und Babykrippenpädagogen aus, dann sieht man, dass deren Programm nur eine Variante der Aussagen Lunatscharskis darstellt. Gegen dieses Programm kämpfen Birgit Kelle und Hedwig von Beverfoerde seit Jahren. Der Einsatz der beiden Frauen geht um die Rechte der traditionellen Familie, bei beiden motiviert durch ihr persönliches Christentum.

Röpke würde dafür sicher Sympathien zeigen. Er würde sich jedoch scharf von denjenigen abgrenzen, die den Kampf der beiden Damen als strukturkonservatives, kulturpolitisches

Kampfmittel für eigene Zwecke zu instrumentalisieren suchen, d. h. ähnlich wie verschiedene „konservative Revolutionäre" agieren würden.

Röpke schrieb zwar:„Wir haben, obwohl der Mensch vor allem ein Homo religiosus ist, seit einem Jahrhundert den immer verzweifelteren Versuch gemacht, ohne Gott auszukommen und den Menschen, seine Wissenschaft, seine Kunst, seine Technik und seinen Staat in ihrer Gottferne, ja Gottlosigkeit selbstherrlich an seine Stelle zu setzen." (Röpke, Wilhelm: Jenseits von Angebot und Nachfrage. Bern 1979, 5. Auflage, S. 25.) Daraus ist aber ebenfalls nicht zu schließen, dass Röpke den Glauben an Gott mit Hilfe eines paternalistischen Staates irgendeinem Menschen aufzwingen möchte. Jeglichen Versuch die christliche Religion als kulturpolitisches Kampfmittel einzusetzen im Sinne einer „konservativen Revolution" würde Röpke ablehnen.

Daraus folgt, dass Röpke – genau wie in den 1920er Jahren – heute gegen derartige „neokonservative Revolutionäre" einen leidenschaftlichen Kampf führen würde. Alle Versuche derartiger „neokonservativer Revolutionäre" (siehe hier insbesondere die Anmerkung 18 mit den dazu gehörenden Textteilen, ergänzend auch die Anmerkungen 20 und 21) Röpkes Werk für ihre Zwecke zu instrumentalisieren ist barer Unsinn, geradezu wahnwitzig.

Anmerkung 149 – Seite 40

Ein Beispiel zu den Ergebnissen, die wir dem heutigen „Bildungsjakobinismus" verdanken. Leider muss ich das Beispiel aus dem Gedächtnis zitieren, da es sich um ein im Internet nicht verfügbares Radiointerview mit einem pensionierten Mathematiklehrer eines Gymnasiums handelte. Dieser Lehrer erläuterte einem erkennbar ungläubigen Journalisten, dass er vor gut 45 Jahren als Junglehrer in einer Hauptschule beruflich startete. Die Textaufgaben, die er damals in der Abschlussklasse der Hauptschule von den Kindern lösen ließ, könne er heute im Leistungskurs Mathematik im Gymnasium nicht als Aufgaben stellen. Dabei geht es nicht um den mathematischen Inhalt derartiger Textaufgaben, sondern darum, dass die Kursteilnehmer die Texte nicht mehr verstehen würden. Heißt dies, dass der heutige „Bildungsjakobinismus" mehr oder weniger halbe Analphabeten mit dem Zeugnis der „Reife" in die Hochschulen entlässt?

Anmerkung 150 – Seite 41

Röpke, Wilhelm: Epochenwechsel?; in: derselbe: Wirrnis und Wahrheit: Ausgewählte Aufsätze. Erlenbach-Zürich 1962, S. 124.

Anmerkung 151 – Seite 41

Siehe Anmerkung 33 und den dazugehörigen Textteil.

Peukert, der über über Röpke promovierte [Peukert, Helge: Das sozialökonomische Werk Wilhelm Röpkes, Frankfurt/M. 1992], folglich Röpkes Mut und Zivilcourage kennt, betonte ebenfalls den Punkt „Verrat" durch die Wissenschaft; Peukert, Helge: Wilhelm Röpke (1899-1966); in: Conze, Eckart u. a. (Hg): Wilhelm Röpke, Wissenschaftler und Homo politicus zwischen Marburg, Exil und Nachkriegszeit. Marburg 2017, S. 16.

Ein paar Beispiele des heutzutage üblichen Verrats in der Folge des Meinungsdiktats der „political correctness":

Nr. 1: 2011 sollte der international anerkannte israelische Historiker Martin van Crefeld an der Universität Trier im Wintersemester als Gastprofessor tätig sein. Crefeld ist als Historiker das Gegenteil von „politisch korrekt". Folglich mobilisierten die Jünger der „political correctness" verschiedene studentische Organisationen, deren pöbelhafte Randale zum Einknicken der Trierer Universitätsleitung führte. Klare Parallelen zu 1932; Lichtschlag, André F.: Jude Martin van Crefeld von der Uni Trier entfernt. Disputation an der Hochschule nicht mehr zeitgemäß. Das Land der Dichter und Denker hat abgedankt; https://ef-magazin.de/2011/10/26/3238-jude-martin-van-crefeld-von-der-uni-trier-entfernt-disputation-an-der-hochschule-nicht-mehr-zeitgemaess.

Nr. 2: Der trotz Emeritierung weiterhin lehrende Romanistikprofessor Ludger Schiffler wurde durch den

Studiendirektor der FU Berlin heimlich, der Grund dafür war „Rassismus", aus dem Vorlesungsverzeichnis der Universität entfernt – die im Abendland seit römischer Zeit geltende Regel „Audiatur et altera pars" (die andere Seite zu hören) wurde ignoriert. Schiffler obsiegte gegen diese Verleumdung 2016 vor dem Berliner Verwaltungsgericht, das jedoch das Verhalten des Studiendirektors und des Universitätspräsidenten nicht rügte; Schwarz, Moritz: Interview: „Man hat mich im Stich gelassen"; in: Junge Freiheit Nr. 12/19 vom 15.03.2019, S. 3.

Nr. 3: Martin Wagener, Professor für Politikwissenschaft an der Hochschule des Bundes für öffentliche Verwaltung veröff entlichte im September 2018 ein Buch, in welchem er sich gegen Merkels Migrationspolitik stellte. Diese analysierte er kritisch, jedoch kenntnisreich, zudem fächerte er die Alternativen zu Merkels Politik auf. Seither gilt Wagener als „umstritten" und wurde zum Prüffall beim BND. Das Gutachten eines bekannten Rechtswissenschaftlers wischte die Vorwürfe zwar vom Tisch, doch dadurch, dass der BND den „Prüff all" publik machte, ist der Leumund Wageners, der es sich nicht nehmen ließ selber und eigenständig zu denken, beschädigt. Wagener will die Angelegenheit juristisch aufarbeiten lassen: Klonovsky, Michael: In der Walhalla der Umstrittenen; https://ef-magazin.de/2019/03/19/14692-der-bnd-ueberprueft-ein-buch-des-politikwissenschaftlers-martin-wagener-in-der-walhalla-der-umstrittenen.

Nr. 4: Der emeritierte Politikprofessor Egbert Jahn der Frankfurter Johann Wolfgang von Goethe Universität ist nahezu komplett aus den Internetseiten der Frankfurter Universität getilgt worden. Der Friedensforscher Jahn hatte bei einem CDU-Werkstattsgespräch zur Flüchtlingskrise mit seinen Thesen und Ansichten für Aufregung gesorgt. Offenbar wurde er deswegen aus dem Internetauftritt der Frankfurter Universität getilgt. Rainer Wendt nahm als Chef der Deutschen Polizeigewerkschaft ebenfalls an den Werkstattgesprächen teil und kommentierte: „Denk- und Meinungsfreiheit sind an der Goethe-Universität zu Frankfurt nicht erwünscht"; Philosophia Perennis Redaktion: „Damnatio memoriae": Uni-Professor wegen Thesen zu Flüchtlingsunterbringung kaltgestellt; https://philosophiaperennis.com/2019/03/27/damnatio-memoriae-uni-professor-wegen-thesenzu-fluechtlingsunterbringung-kaltgestellt/.

Nr. 5: Dieter Schönecker, Philosophieprofessor an der Siegener Universität, kündigte für das Wintersemester 2018/19 das Seminar „Denken und denken lassen" an. Um das Denken in seiner ganzen Breite abzulichten, wurden für Impulsvorträge, über die die Seminarbesucher diskutieren sollten, Personen des politisch-gesellschaftlichen Spektrums von „Links" bis „Rechts" eingeladen. Gegen die vorgesehenen Vorträge von „Linksextremisten" hatten die Hüter der „political correctness" natürlich keine Einwände, doch die „veröffentlichte Meinung" echauffierte sich darüber, dass auch politisch total inkorrekte Leute wie Marc Jongen und Thilo Sarrazin auf der Liste standen. Ebenfalls wertkonservative Liberale wie Norbert Bolz und der Alt-Historiker Egon Flaig waren als Referenten vorgesehen, fürchterlich für die Gralshüter der „veröffentlichten Meinung", die nur mit denjenigen einen „Dialog" führen wollen (und auch nur mit solchen monologisieren können), die ihrer Meinung sind.

Marc Jongen war wissenschaftlicher Assistent bei Peter Sloterdijk und promovierte bei Sloterdijk mit summa cum laude. Nichtsdestotrotz distanzierte sich Sloterdijk von Jongen und beugte sich der „veröffentlichten Meinung" und sagte, dass Jongen keinerlei vorzeigbare Arbeiten geschrieben habe.

Thilo Sarrazin, einst für die SPD Finanzsenator in Berlin, verbreitet gemäß „veröffentlichter Meinung" fürchterlich „rechte" Ansichten. Nur, der alte Sozialdemokrat Sarrazin verficht nichts weiter als klassische Positionen der alten Linken – so viel zum dummen „Rechts-Links-Schema": Was heute „Links" ist, kann morgen „Rechts" sein – und was ist übermorgen? Übermorgen ist das „Links", was den „Kulturmarxisten" gerade in den Kram passt!

Der Medienwissenschaftler Norbert Bolz verfocht stets als wertkonservativer Liberaler, als Professor und auch weiterhin als pensionierter Professor das freiheitliche Weltbild, das eben – im Gegensatz zum Einheitsbrei der nur vorgeblich bunten Welt der „political correctness" – in allen Farben bunt schillert und durch Vielheit glänzt.

Und Egon Flaig, pensionierter Professor der alten Geschichte, will als Historiker wissen „wie es gewesen ist" (Leopold von Ranke). So zeigte Flaig in seiner Arbeit über die Geschichte der Sklaverei auch dreist und frech z. B. die fürchterliche Wirkung des islamischen Sklavenhandels. Grauenhaft ist so etwas für die Jünger der „political correctness", die den grausamen Sklavenhandel nur den „Schweinsfarbenen" anlasten.

Jedenfalls erwiesen sich die Leiter der Universität Siegen als „biologische Wunder, die ohne Rückgrat aufrecht gehen können". Diese Universitätsleitung unterband selbstverständlich den Rahmen des geplanten Seminars, da Meinungsfreiheit nur für diejenigen gilt, die sich dem (Un)Geist der Zeit unterordnen; QUELLE https://schweizermonat.ch/der-schutz-der-freiheit/.

Nr. 6: An der Universität Erlangen sollte der Althistoriker Egon Flaig auf Einladung eines Erlanger Professors zum Thema „Freiheit" sprechen – die Einladung wurde zurückgezogen. Warum? Weil Flaig sich nicht scheut zum Thema Sklavenhandel banale historische Wahrheiten und Fakten öffentlich zu benennen? Der Erlanger Professor befürchtete für sich und sein Team Repressalien, gab dem Druck des Dekans nach und zog die Einladung an Flaig zurück; Quelle https://www.focus.de/politik/deutschland/kolumne-vonjan-fleischhauer-cancel-culture-an-der-uni-wird-wieder-der-bestraft-der-anders-denkt_id_200272643.html.

Diese deutsche Liste ließe sich leicht erweitern – bspw. um Ereignisse im Umfeld der Berliner Humboldt-Universität, der TU Dresden, der Universität Kassel, der Universität Leipzig und so fort. Aber die fünf explizit geschilderten Beispiele genügen schon, um die Wirkung des Meinungsdiktats der „political correctness" im heutigen Deutschland zu illustrieren. Es ist nicht übertrieben hier Parallelen mit dem Fall Cohn aus 1932 auszumachen (vgl. Anmerkung 33 und den dazugehörigen Textteil). Auch heute fehlt in den Gremien der Hochschulen und in den Reihen der Professorenschaft der Mut und die Zivilcourage das hohe Gut der „Freiheit von Forschung und Lehre" standfest zu verteidigen – egal, wie man im einzelnen Fall auch zu den Thesen der betroffenen Kollegen stehen mag.

Sicherlich würde Röpke genau wie 1932 gegen diesen „*Verrat an der Idee der Universität*" öffentlich protestieren. Mit der Folge, dass er auch durch die Jünger der „political correctness" in „Acht und Bann" verfiele und die „faschistische bundesdeutsche Antifa"*) gegen Röpke aufmarschieren würde. Einen Vorgeschmack lieferte schon eine akademische Feier zu Ehren Röpkes an der Marburger Philipps-Universität. Damals wurde das ehemalige Bibliotheksgebäude der Marburger Philipps-Universität in Wilhelm-Röpke-Haus umbenannt. Randalierende grüne und rote Studentengruppen störten die Feier und hetzten gegen Wilhelm Röpke. Sie skandierten z. B.: „Jetzt wird wieder in die Hände gespuckt, und es wird weiter nach rechts geruckt." Wie mag sich Eva Röpke, die Witwe Wilhelm Röpkes, die einer der Gäste der Feier war, wohl gefühlt haben? Ob sie Vergleiche zur späten Weimarer Zeit und der Anfangszeit der braunen Sozialisten zog? Und zwangsläufig zu dem Schluss kam, dass sich in Deutschland kaum etwas geändert hat? Leider musste ich aus dem Gedächtnis zitieren, weil ich den Pressebericht dazu nicht mehr besitze.

*) Der tatsächliche Antifaschist Ignazio Silone war ab 1930 im Exil, jedoch durfte er schon vorher – als italienischer Vertreter beim Komintern – den faschistischen Antifaschismus Stalins hautnah erleben [Hornung, Klaus: Der faszinierende Irrtum. Freiburg 1982, S. 33].

Silone soll im Gespräch mit François Bondy 1944 gesagt haben:

«*Wenn der Faschismus wiederkehrt, wird er nicht sagen: ‹Ich bin der Faschismus›. Nein, er wird sagen: „Ich bin der Antifaschismus".*»

Es ist mehr als nur wahrscheinlich, wenn man diesen Satz einordnet in den kompletten Rahmen der politischen Erfahrungen Silones, dass er dies so sagte. Dieses Bonmot Silones war mehr als nur prophetisch; denn es trifft punktgenau auf die randalierenden Horden und die politisch korrekten Gruppen der bundesdeutschen Antifa zu.

Anmerkung 152 – Seite 41

Siehe Prollius, Michael von: Ist die deutsche Wirtschaftspolitik richtig?; https://forum-freie-gesellschaft.de/ist-die-deutsche-wirtschaftspolitik-richtig/. Siehe auch Prollius, Michael von: Wilhelm Röpke. Deutscher Nationalökonom und Sozialphilosoph (1899-1966); https://forum-freie-gesellschaft.de/wp-content/uploads/2025/01/FFG_Paper_250105_Wilhelm-Roepke-Portrait.pdf.

Wie Michael von Prollius schreibt, das Gutachten Röpke ist auch gerade heutzutage als Lektüre zu empfehlen, ab und an auch in Antiquariaten noch zu finden – Röpke, Wilhelm: Ist die deutsche Wirtschaftspolitik richtig? Analyse und Kritik, W. Kohlhammer Verlag, Stuttgart und Köln 1950.

Ergänzend zum Thema der Problemverschleppung und deren Folgen, siehe Tofall, Norbert F.: Keine Erneuerung Europas, kein Ende der ökonomischen und politischen Problemverschleppung; https://www.tichyseinblick.de/meinungen/keine-erneuerung-europas-kein-ende-der-oekonomischen-und-politischen-problemverschleppung/; ders.: Die Korrosion der westlichen Wertegemeinschaft; https://austrian-institute.org/de/blog/die-korrosion-der-westlichen-wertegemeinschaft-folgen-fuer-den-internationalen-finanzkapitalismus/ und ders.: Tofall, Norbert F.: Deutschland nach den Landtagswahlen - Nationalisten und Anti-Kapitalisten weiter auf dem Vormarsch;

https://www.flossbachvonstorch-researchinstitute.com/de/
kommentare/detail/deutschland-nach-den-landtagswahlen-
nationalisten-und-anti-kapitalisten-weiter-auf-dem-
vormarsch.

Anmerkung 153 – Seite 42

Siehe von Prollius, Michael von: Ist die deutsche
Wirtschaftspolitik richtig?; https://forum-freie-
gesellschaft.de/ist-die-deutsche-wirtschaftspolitik-richtig/
entnommen aus Röpke, Wilhelm: Ist die deutsche
Wirtschaftspolitik richtig? Analyse und Kritik. Stuttgart und
Köln 1950, S. 8f.

Der wirtschaftspolitische Interventionismus der letzten Jahrzehnte erzeugte ein engmaschiges Netz aus Befehlen, Bestimmungen, Verordnungen, Organisations- und Verwaltungs-
anweisungen – ein verselbständigtes und kaum noch zu
überblickendes Gestrüpp der Vorschriften, welche den
Wohlstand mehrende unternehmerische Kreativität zumindest stark behindern. Diese Entwicklung wurde bereits
1983 von Schmölders scharf gerügt, siehe Schmölders,
Günter: Der Wohlfahrtsstaat am Ende. Adam Riese schlägt
zurück. München 1983 und von Prollius diagnostizierte eine
„Pervertierung der Marktwirtschaft" (Prollius, Michael von:
Die Pervertierung der Marktwirtschaft. München 2009).
Derartigen Rügen schlossen sich in viele Staatswissen-
schaftler an, siehe bspw. die Sammelbände von Giersch, Herbert (Hg.): Wie es zu schaffen ist. Agenda für die deutsche

Wirtschaftspolitik. Stuttgart 1985, 3. Auflage oder Walter, Norbert (Hg.): Was würde Erhard heute tun? Wirtschaftspolitische Problemlösungen. Stuttgart 1986.

Trotz jener vielfachen Mahnungen wucherte das Geschwür der Vorschriften weiter, so dass Neubacher (Neubacher, Alexander: Total beschränkt. München 2014) gut eine Viertelmillion staatlicher Befehle zählte, denen jeder Bundesbürger verpflichtet ist. Zudem nutzten interventionssüchtige Politiker die Coronajahre, um für einen weiteren Ausbau der Macht der Exekutive zu sorgen und initiiert durch die „Ampelkoalition" tobte in den Jahren 2021 bis 2024 ein ideologiegetriebener Tornado von Interventionen, neuen Vorschriften und Gesetzen durch das Land, so dass das Bürokratiemonster der staatlichen Exekutive in beängstigender Art und Weise ausgeweitet wurde. Neubachers Angaben aus 2014 sind längst überholt, unternehmerische Kreativität und private Eigeninitiative – gemäß etlicher empirische Studien die Schlüssel für allgemeinen Wohlstand – wurden weiter (vorsätzlich und gezielt?) abgewürgt und erstickt. Michael von Prollius (Prollius, Michael von: Ist die deutsche Wirtschaftspolitik richtig?; https://forum-freie-gesellschaft.de/ist-die-deutsche-wirtschaftspolitik-richtig/) vermerkte korrekt, dass ein Röpke heute sprachgewaltig gegen derartig verheerende Auswüchse fechten würde. Leider notierte von Prollius auch, dass Robert Higgs durch seine Untersuchungen aufzeigte, dass staatliche Interventionen – egal, wie nachgewiesenermaßen kontraproduktiv diese auch sein mögen – äußert selten einmal zurückgenommen werden, siehe Prollius, Michael von: Wirtschaftswissenschaften. Norderstedt 2025, S. 48.

Anmerkung 154 – Seite 43

Siehe von Prollius, Michael von: Ist die deutsche Wirtschaftspolitik richtig?; https://forum-freie-gesellschaft.de/ist-die-deutsche-wirtschaftspolitik-richtig/

Anmerkung 155 – Seite 43

Baader, Roland: Die EURO-Katastrophe Böblingen 1993. In den ersten zwei Hauptteilen des Buches befasste sich Baader mit der Kultur Europas und den Institutionen der EU. Erst im dritten Hauptteil des Buches untersuchte Baader die Fragen und Probleme der Einheitswährung. Alle drei Hauptteile des Buches würden die Zustimmung Röpkes haben, ganz besonders der Teil zum Geld, in welchem Baader die Misere der EURO-Krise exakt prognostizierte. Baaders Buch, nebst der genannten Artikelsammlung verunmöglicht die übliche Ausrede: „Damit hat doch niemand rechnen können!"

Anmerkung 156 – Seite 43

Noch in seinem letzten Buch – posthum erschienen – behandelte Röpke „das Unbehagen am Gelde"; Röpke, Wilhelm: Torheiten der Zeit. Nürnberg 1966. S. 157-171. Mit welchem Unbehagen Röpke wohl die Verhandlungen an der Maas verfolgt haben würde?

Anmerkung 157 – Seite 43

1951 schrieb Röpke, dass durch diese *„Zusammenfassung der geistig-politische Kräfte Europas … der unheilvolle Hader innerhalb Europas … endlich aus der Welt geschafft wird."* Und 1992 hätte der Autor der „Civitas humana" befürchtet und gewarnt, dass der EURO das Potential hat, den Hader wiederzubeleben. Quelle des Zitats: Röpke, Wilhelm: Zu spät und nicht zu spät. Europa als geistige, politische und wirtschaftliche Aufgabe; in: derselbe: Marktwirtschaft ist nicht genug. Waltrop 2009, S. 225.

Anmerkung 158 – Seite 43

Dies zeigen z. B. seine Bemerkungen zur „monetären Disziplin" in Röpke, Wilhelm: Die Erziehung zur wirtschaftlichen Freiheit und die großen Entscheidungen der Gegenwart; in: derselbe: Marktwirtschaft ist nicht genug. Waltrop 2009, S. 328 und in derselbe: Das Dilemma der importierten Inflation; in: Albert Hunold (Hg.): Gegen die Brandung. Erlenbach-Zürich 1959, S. 303; ganz typisch Röpke in: derselbe: Gemeinsamer Markt und Freihandelszone; in: derselbe: Wort und Wirkung. 1964, S. 124 und 133 – auf S. 124 merkte er an, dass es eine Illusion sei zu glauben, dass monetäre Disziplin ansteckend wirke – *„Was ist ansteckender, Gesundheit oder Krankheit?"*

Aufschlussreich ist auch die folgende Bemerkung: *„Nicht minder als die Kabinettsjustiz ist die Kabinettspolitik des Geldes zu* *fürchten. Die internationale Geldgeschichte unserer Generation ist Beweis genug dafür.“*

Röpke, Wilhelm: Der Platz der Zentralbank; in: Albert Hunold (Hg.): Gegen die Brandung. Erlenbach-Zürich 1959, S. 286.

Anmerkung 159 – Seite 44

Röpke, Wilhelm: Die derzeitige Geld- und Finanzkrisis; in: derselbe: Marktwirtschaft ist nicht genug. Waltrop 2009, S. 47-66. In diesem 1932 gehaltenen Vortag blickte Röpke auf die US-Entwicklung in der zweiten Hälfte der 1920er Jahre zurück. Er verortete korrekt die Ursachen der Weltwirtschaftskrise in diesen Jahren, in denen jedes Augenmaß bezüglich Kredit- und Börsenemissionen verloren gegangen war (S. 48 f.). Eigentlich fasste Röpke nur die „Konjunkturtheorie der Wiener Schule der Nationalökonomie“ anschaulich zusammen. Dieser Vortrag verdeutlicht, dass Röpke keinesfalls erstaunt über die Weltfinanzkrise oder die EURO-Krise gewesen wäre.

Zur Konjunkturtheorie der Wiener Schule der Nationalökonomie siehe insbesondere Mises, Ludwig: Theorie des Geldes und der Umlaufsmittel. Berlin 2005, unveränderter Nachdruck der 2., neubearbeiteten Auflage von 1924; Hayek, Friedrich August von: Preise und Produktion. Wien 1976, Reprint der Erstausgabe Wien 1931.

Anmerkung 160 – Seite 44

Dies geben, wie Starbatty am 29.06.2012 in einem Vortrag in Vaduz ausführte, Politiker – wie zum Beispiel Christine Lagarde und Pierre Lellouche – auch unumwunden zu. Sie prahlten damit, dass die Verträge gebrochen wurden, um das politische Prestigeobjekt „Euro" zu retten, welches als alternativlos hingestellt wird; deshalb: Bruch der „No-Bailout-Klausel"; rechtswidrige Finanzierung staatlicher Defizite durch die EZB, eine Form des „Münzbetrugs"; und Umwandlung des zunächst befristeten Rettungsschirms in ein permanentes Finanzierungsinstrument. Vgl. Milz, Hubert: Veranstaltungsbericht. Die achte Internationale Gottfried-von-Haberler-Konferenz in Vaduz Konferenzthema: Das Ende des Rechtsstaates; https://ef-magazin.de/2012/07/18/3607-veranstaltungsbericht-die-achteinternationale-gottfried-von-haberler-konferenz-in-vaduz.

Anmerkung 161 – Seite 44

Röpke, Wilhelm: Europa – Einheit in der Vielheit; in: derselbe: Marktwirtschaft ist nicht genug. Waltrop 2009, S. 247.

Anmerkung 162 – Seite 44

Zu den „Imperialisten" sollte man auch den ehemaligen EU-Kommissionspräsident Jean-Claude Juncker rechnen. Kurz vor dem sechzigjährigen Jubiläum der römischen Verträge legte Juncker ein „Weißbuch" mit fünf Szenarien der künftigen EU vor. Diese Szenarien stehen alle für Zentrismus, auch die im „Weißbuch" angedeuteten Dezentralisierungen sind nur eine „konzentrierte Dezentralisierung" im Dienst des „europäisches Imperiums".

Ein derartiges „europäisches Imperium" wollen z. B. der gewesene EU-Kommissar José Manuel Durão Barroso und der ehemalige EU-Parlamentspräsident Martin Schulz. Über den gefesselten Riesen Europa hat Schulz 2013 auch ein Buch veröffentlicht. Schulz empörte, dass das in Kraft treten der EU-Verfassung scheiterte an den Referenden in Frankreich und den Niederlanden und die Iren fast den Lissabonvertrag zum Scheitern brachten. Deswegen sprach sich Schulz gegen weitere Volksabstimmungen aus, es dürfe nicht sein, dass Volksabstimmungen eine EU-Verfassung oder einen EU-Vertrag scheitern lassen oder blockieren können, siehe z.B. https://www.dw.com/de/die-eu-verfassung-ist-tot-es-lebe-der-eu-vertrag/a-2449931. Für Röpke sind diejenigen, die der Meinung sind, dass „das »Volk« in der Politik und im Staatswesen nicht mitzureden habe", mit Recht die wirklichen Reaktionäre; Röpke, Wilhelm: Torheiten der Zeit. Nürnberg 1966, S. 35.

Die Diskussionen über die EU-Verfassung waren sowieso spannend und erhellend. Die Laizisten setzten durch, dass alles in der Präambel einfließe dürfe, doch keinesfalls ein Hinweis auf das christliche Fundament und Erbe Europas. Genau wie Weiler (Weiler, J. H. H.: Ein christliches Europa.

Salzburg 2004, S. 21 – siehe auch Anmerkung 116) würde
Röpke dieses Ansinnen als „orwellsches Moment" ansehen
und von den Laizisten den Beweis verlangen, warum das
christliche Erbe ausgeschlossen werden soll. Diese
Diskussionen um die Präambel hätte Röpke als weitere
Auswüchse der „Gesellschaftskrisis der Gegenwart"
angesehen. Im publizistischen Gefecht hätte er nur die Teile
seines Vortrags „Epochenwechsel?" aus 1933, die von der
europäischen Kultur handeln (siehe Anmerkung 46 und den
entsprechenden Textteil), in variierter Form wiederholen
brauchen.

Anmerkung 163 – Seite 44

Peukert, Helge: Wilhelm Röpke (1899-1966); in: Conze,
Eckart u. a. (Hg): Wilhelm Röpke, Wissenschaftler und
Homo politicus zwischen Marburg, Exil und Nachkriegszeit.
Marburg 2017, S. 26.

Anmerkung 164 – Seite 45

Siehe Anmerkungen 100 und 102. Bismarck diskreditierte
seine Kritiker als „partikularistische Eigenbröteler" und als
„Reichsfeinde". Klingt dies nicht heute ähnlich? Wollen die
„patentierten Europäer", dass der hässliche, bismarcksche
Einheitsdeutsche zum hässlichen Einheits-EU-Deutschen
mutiert?

Anmerkung 165 – Seite 45

Zum EU-Zentralismus und zum EU-Bürokratismus siehe z.
B. die Beiträge von Vaubel, Roland u. a.: Europa, gerne. EU,

nein danke!; in: Schweizer Monatshefte, Heft 965, https://www.e-periodica.ch/cntmng?pid=smh-002:2008:88::1043. Auf S. 18 heißt es dort über die EU-Kommission: *„Sie kann schalten und walten, wie sie will. Sie ist Exekutive, Legislative und Judikative in Personalunion. Es fehlt ihr bloss die demokratische Legitimierung."*

Anmerkung 166 – Seite 45

Die Herrschaft des Rechts zählt somit in der EU nicht mehr viel, sondern altbekannte Spiele der Politik um Macht feiern fröhliche Urständ (vgl. Milz, Hubert: Veranstaltungsbericht. Die achte Internationale Gottfried-von-Haberler-Konferenz in Vaduz Konferenzthema: Das Ende des Rechtsstaates; https://ef-magazin.de/2012/07/18/3607-veranstaltungsbericht-die-achteinternationale-gottfried-von-haberler-konferenz-in-vaduz.).

Doch nicht nur das, es wurden und werden durch die „patentierten Europäer" via EU-Institutionen auch andere Eckpfeiler eines guten und freien Gemeinwesens – so z. B. die „Solidarität" und die „Subsidiarität" – ad absurdum geführt.

Anmerkung 167 – Seite 46

Angelehnt an die Titelwahl von Schweizer, Joerg E.: Zu Biographie und Werk von Wilhelm Röpke. Oder: Die brennende Krise der Gegenwart. München 2010.

Anmerkung 168 – Seite 46

Roland Baader: Wilhelm Röpke: Denker der Civitas humana. In: Schweizerzeit. Nr. 20, 8. Oktober 1999.

Anmerkung 169 – Seite 47

Erhard, Ludwig: Gedenkrede; in: o. V.: In Memoriam Wilhelm Röpke. Marburg 1968, S. 11.

Anmerkung 170 – Seite 47

Hennecke, Hans Jörg: Wilhelm Röpke. Ein Leben in der Brandung. Stuttgart 2005.

Anmerkung 171 – Seite 47

Röpkes rastloser Einsatz zehrte an den Kräften und an der Gesundheit, so dass am 12.02.1966 ein dritter Herzinfarkt seinem Leben ein Ende setzte. Hennecke, Hans Jörg: Nachwort; in: Röpke, Wilhelm: Marktwirtschaft ist nicht genug. Waltrop 2009, S. 452f.

Im Text und in den Anmerkungen / Kommentaren genanntes Schrifttum

Aktionsgemeinschaft Soziale Marktwirtschaft e.V.: Broschüre Wilhelm Röpke; https://www.aufbaubank.de/Download/Broschuere-Wilhelm-Roepke.pdf

Althammer, Jörg: Wohlstand muss gerecht verteilt werden; in: Die Tagespost vom 18.03.2017, S. 14; https://austrian-institute.org/wp-content/uploads/2017/03/Althammer-Wohlstand-muss-gerecht-verteilt-werden.pdf

Aly, Goetz: Die Leiche im Keller der FDP; in: Frankfurter Rundschau; https://www.fr.de/meinung/leiche-keller-11405849.html

Aly, Götz: Einleitung. Fretwurst der Deutsche; in: derselbe: Volk ohne Mitte: Die Deutschen zwischen Freiheitsangst und Kollektivismus. Frankfurt/M. 2015, S. 7-29

Aly, Götz: Wilhelm Röpke gegen Volk und Führer. Liberale Kritik am nationalen Sozialismus; in: derselbe: Volk ohne Mitte: Die Deutschen zwischen

Freiheitsangst und Kollektivismus. Frankfurt/M. 2015,
S. 109-137

Antrittsenzyklika Johannes Paul II: Redemptor hominis
con 1979 https://www.kathpedia.com/index.php?
title=Redemptor_hominis_(Wortlaut)

Apostolisches Schreiben: Evangelii gaudium 2013
https://www.kathpedia.com/index.php?
title=Evangelii_gaudium_(Wortlaut)

Baader, Roland: Die EURO-Katastrophe Böblingen 1993

Baader, Roland: Fauler Zauber. Schein und Wirklichkeit
des Sozialstaats. Gräfeling 1998, 2. Auflage

Baader, Roland: Geldsozialismus. Gräfeling 2010

Baader, Roland: Totgedacht – Warum Intellektuelle
unsere Welt zerstören. Gräfeling 2002

Roland Baader: Wilhelm Röpke: Denker der Civitas
humana. In: Schweizerzeit. Nr. 20, 8. Oktober 1999

Benda, Julien: Der Verrat der Intellektuellen. München
1978

Blankertz, Stefan: Das libertäre Manifest. Grevenbroich
2002, 2. verbesserte Auflage

Blomert, Reinhart u. a. (Hg): Heidelberger Sozial- und Staatswissenschaften. Marburg 1997

Böckenförde, Ernst-Wolfgang: Staat, Gesellschaft, Freiheit. 1976

Bödecker, Ehrhardt: Preußen und die Wurzeln des Erfolgs. Rottenburg 2018

Böhm, Franz: Entmachtung durch Wettbewerb. Münster 2007

Bökenkamp, Gérard: Euro und Europa. Frieden durch gemeinsame Währung. Gibt es dafür historische Belege?; https://ef-magazin.de/2011/01/07/2785-euro-und-europa-frieden-durch-gemeinsame-waehrung

Breise, Marc: Das große Missverständnis; https://www.sueddeutsche.de/wirtschaft/kapitalismus-in-der-krise-das-grosse-missverstaendnis-1.378135

Breuer, Stefan: Anatomie der Konservativen Revolution. Darmstadt 1995, Sonderausgabe (2005) der 2. Auflage,

Breuer, Stefan: Nationalismus und Faschismus. Frankreich, Italien und Deutschland im Vergleich. Darmstadt 2005

Breuer, Stefan: Ordnungen der Ungleichheit. Die deutsche Rechte im Widerstreit ihrer Ideen 1871–1945. Darmstadt 2001

Chesterton, Gilbert Keith: Eugenik und andere Übel. Berlin 2014

Chesterton, Gilbert Keith: Orthodoxie. Frankfurt/M. 2001

Costamagna, Carlo: Faschismus. Entwicklung und Lehre. Berlin-Wien 1939 (Übersetzung der italienischen Originalausgabe von 1938)

Dahrendorf, Ralf: Aktive Bildungspolitik ist ein Gebot der Bürgerrechte: Motive des Wandels. https://www.zeit.de/1965/46/eine-aktive-bildungspolitik-fuer-deutschland

Doering, Detmar: Rechtsstaat und wirtschaftliche Freiheit. Potsdam 2009

Dostojewski, Fjodor Michailowitsch: Die Dämonen. Stuttgart 1971

Erhard, Ludwig: Gedenkrede; in: o. V.: In Memoriam Wilhelm Röpke. Marburg 1968, S. 9-21

Erhard, Ludwig: Glückwunschadresse zu Wilhelm Röpkes sechzigstem Geburtstag; in Albert Hunold (Hg.): Gegen die Brandung. Erlenbach-Zürich 1959, S. 12-19

Erhard, Ludwig: Wohlstand für Alle. Düsseldorf 1964, 8. Auflage

Feld, Lars: Europa in der Welt von heute: Wilhelm Röpke und die Zukunft der Europäischen Währungsunion; Freiburger Diskussionspapiere zur Ordnungsökonomik 12/2. Freiburg 2012

Freund, Michael: Deutsche Geschichte. Gütersloh 1973

Giersch, Herbert (Hg.): Wie es zu schaffen ist. Agenda für die deutsche Wirtschaftspolitik. Stuttgart 1985, 3. Auflage

Grossekettler, Heinz: Die Wirtschaftsordnung als Gestaltungsaufgabe. Münster 1997

Habermann, Gerd: Röpke als liberaler Kulturkritiker; in: Bessard, Pierre: Wilhelm Röpke heute. Zürich 2017, S. 84-93

Habermann, Gerd: Wilhelm Röpke: ein Liberaler fordert heraus; in: Schweizer Monatshefte, Heft 12, 2000;

Hahn, Roland: Marktwirtschaft und Sozialromantik. Die programmatische Erneuerung des Liberalismus in Deutschland unter dem Einfluß der Ideen Wilhelm Röpkes und Alexander Rüstows. Egelsbach 1993

Hahn, Roland: Wilhelm Röpke. Sankt Augustin 1997

Hallstein, Walter: Die Europäische Gemeinschaft. Düsseldorf 1979, 5. Auflage

Haselbach, Dieter: Autoritärer Liberalismus und Soziale Marktwirtschaft. Baden-Baden 1991

Hayek, Friedrich August von: Das politische Ideal der Herrschaft des Gesetzes. Baden-Baden 2010

Hayek, Friedrich August von: Der Weg zur Knechtschaft. München 1981

Hayek, Friedrich August von: Die Ergebnisse menschlichen Handels, aber nicht menschlichen Entwurfs; in: derselbe: Freiburger Studien, Tübingen 1969, S. 97-107

Hayek, Friedrich August von: Die Irrtümer des Konstruktivismus und die Grundlagen legitimer Kritik gesellschaftlicher Gebilde; in: derselbe: Die Anmaßung von Wissen. Tübingen 1996, S. 16-36

Hayek, Friedrich August von: Die Sprachverwirrung im politischen Denken; in: derselbe: Freiburger Studien, Tübingen 1969, S. 206-231

Hayek, Friedrich August von: Die Ursachen der ständigen Gefährdung der Freiheit; in: Böhm, Franz u. a. (Hg.): Ordo, Jahrbuch für die Ordnung von Wirtschaft und Gesellschaft, Band 12, Düsseldorf und München 1961, S. 103-109

Hayek, Friedrich August von: Glückwunschadresse zu Wilhelm Röpkes sechzigstem Geburtstag; in: Albert Hunold (Hg.): Gegen die Brandung. Erlenbach-Zürich 1959, S. 25-28

Hayek, Friedrich August von: Grundsätze einer liberalen Gesellschaftsordnung; in: derselbe: Freiburger Studien, Tübingen 1969, S. 108-125

Hayek, Friedrich August von: Konservatismus und Liberalismus; in: derselbe: Die Verfassung der Freiheit. Tübingen 1983, 2. Auflage, S. 481-497

Hayek, Friedrich August von: Missbrauch und Verfall der Vernunft. Salzburg 1979

Hayek, Friedrich August von: Preise und Produktion. Wien 1976, Reprint der Erstausgabe Wien 1931

Hayek, Friedrich August von: Recht, Gesetz und Wirtschaftsfreiheit; in: Freiburger Studien, Tübingen 1969, S. 47 – S. 55

Hayek, Friedrich August von: Recht, Gesetzgebung und Freiheit, Band 2, Die Illusion der sozialen Gerechtigkeit. Landsberg am Lech 1981

Hayek, Friedrich August von: Recht, Gesetzgebung und Freiheit, Band. 3, Die Verfassung einer Gesellschaft freier Menschen. Landsberg am Lech 1981

Hayek, Friedrich August von: Ungleichheit ist nötig; in: Wirtschaftswoche Nr. 11/06.03.1981, S. 36-40

Hayek, Friedrich August von: Wahrer und falscher Individualismus; in: derselbe: Individualismus und wirtschaftliche Ordnung. Salzburg 1976, S. 9-48

Hayek, Friedrich August von: Rede vor der Mont Pèlerin Society am 09.03.1984; als PDF-Manuskript abgesichert, ursprüngliche Quelle: http://www.freitum.de/2015/07/friedrich-august-von-hayek-rede-vor-der.html

Hayek, Friedrich August von: Wirtschaft, Wissenschaft und Politik; in: derselbe: Freiburger Studien, Tübingen 1969, S. 1-17

Hayek, Friedrich August von: Zu Ehren von Ludwig von Mises; in: Margit von Mises: Ludwig von Mises. Der Mensch und sein Werk. München 1981, S. 279-287

Hennecke, Hans Jörg: Nachwort; in: Röpke, Wilhelm: Marktwirtschaft ist nicht genug. Waltrop 2009, S. 446-459

Hennecke, Hans Jörg: Wilhelm Röpke. Ein Leben in der Brandung. Stuttgart 2005

Hoch, Martin (Hg.), Wilhelm Röpke. Werk und Wirkung, Ludwigsburg 1964

Holmes, Stephen: Die Anatomie des Antiliberalismus. Hamburg 1995

Hornung, Klaus: Das totalitäre Zeitalter. Bilanz des 20. Jahrhunderts. Berlin 1993

Hornung, Klaus: Der faszinierende Irrtum. Karl Marx und die Folgen. Freiburg 1982, 4. Auflage

Hornung, Klaus: Die offene Flanke der Freiheit. Studien zum Totalitarismus im 20. Jahrhundert. Frankfurt/M. 2001

Hornung, Klaus: Freiheit oder Despotismus. Die Erfahrung des 20. Jahrhunderts. Bad Schussenried 2015

Hotze, Andrea: Menschenbild und Ordnung der Sozialen Marktwirtschaft. A. Rüstow, W. Röpke, A. Müller-Armack und ihre Konzeption einer Wirtschafts- und Gesellschaftsordnung nach dem „Maße des Menschen". Hamburg 2008

Hunold, Albert (Hg.): Gegen die Brandung. Erlenbach-Zürich 1959

Janssen, Hauke: Nationalökonomie und Nationalsozialismus. Marburg 1998

Johnston, William M.: Österreichische Kultur- und Geistesgeschichte. Wien 1992, 3. deutschsprachige Auflage

Jones, Eric L.: Das Wunder Europa: Umwelt, Wirtschaft und Geopolitik in der Geschichte Europas und Asiens. Tübingen 2012

Karabelas, Iris: Freiheit statt Sozialismus: Rezeption und Bedeutung Friedrich August von Hayeks in der Bundesrepublik. Frankfurt/M. 2010

Klonovsky, Michael: In der Walhalla der Umstrittenen; https://ef-magazin.de/2019/03/19/14692-der-bnd-ueberprueft-ein-buch-des-politikwissenschaftlers-martin-wagener-in-der-walhalla-der-umstrittenen

Knewitz, Johannes: Bildung! Aber welche?: Bundesdeutsche Bildungskonzeptionen im Zeitalter der Bildungseuphorie (1963-1973) und ihr politischer Niederschlag am Beispiel von Bayern und Hessen. Göttingen 2018

Köpf, Peter: Schreiben nach jeder Richtung. Goebbels-Propagandisten in der westdeutschen Nachkriegspresse. Berlin 1995

Kolev, Stefan: Neoliberale Staatsverständnisse im Vergleich. Stuttgart 2013

Komuth, Horst: Manès Sperber – Arthur Koestler – George Orwell – Der Totalitarismus als Geißel des 20. Jahrhunderts. Würzburg 1987

Kromka, Franz: Markt und Moral. Grevenbroich 2008

Kronberger Kreis: Für eine Neue Agrarordnung. Kurskorrektur für Europas Agrarpolitik. Bad Homburg 1984

Kuehnelt-Leddihn, Erik von: Die falsch gestellten Weichen. Der Rote Faden 1789–1984. Wien 1985

Kuehnelt-Leddihn, Erik von: Gleichheit oder Freiheit?: Demokratie – ein babylonischer Turmbau? Hohenrain 1985

Kuehnelt-Leddihn, Erik von: Kirche kontra Zeitgeist. Graz 1997

Küppers, Arnd: Die Wunder des freien Marktes – ein libertärer Mythos; in: Die Tagespost vom 04.03.2017, S. 13;
https://austrian-institute.org/wp-content/uploads/20 17/03/K%C3%BCppers-Die-Wunder-des-freien-Marktes-%E2%80%93-ein-liber-t%C3%A4rer-Mythos.pdf

Landfester, Martin: Humanismus und Gesellschaft im 19. Jahrhundert. Darmstadt 1988

Leoni, Bruno: Freiheit und das Recht. Stuttgart 2014

Lichtschlag, André F.: Jude Martin van Crefeld von der Uni Trier entfernt. Disputation an der Hochschule nicht mehr zeitgemäß. Das Land der Dichter und Denker hat abgedankt; https://ef-magazin.de/2011/10/26/3238-jude-martin-van-crefeld-von-der-uni-trier-entfernt-disputation-an-der-hochschule-nicht-mehr-zeitgemaess

Liechtenstein, SD Hans Adam II. von: Der Staat im dritten Jahrtausend. Bern 2010, 2. Aufl age

Löbbert, Raoul: Der Nazi von Christ und Welt. Christ & Welt, 30.08.2012; https://archiv.reporter-forum.de/fileadmin/pdf/Reporterpreis_2012/Kultur/Loebbert_Der_Nazi.pdf

Ludwig-Erhard-Stiftung Bonn (Hg.): Wilhelm Röpke. Beiträge zu seinem Leben und Werk. Stuttgart 1980

Lunatscharski, Anatoli: https://www.familiengerechtigkeit-rv.de/zitate-2/

Mann, Heinrich: Der Untertan. Gütersloh o. J.

Mann, Thomas: Tagebücher 1933–1934. Frankfurt/M. 1997

Meier-Rust, Kathrin: Alexander Rüstow: Geschichtsdeutung und liberales Engagement. Stuttgart 1993

Meinecke, Friedrich: Die deutsche Katastrophe. Wiesbaden 1965, 6. Auflage

Meinecke, Friedrich: Verfassung und Verwaltung der deutschen Republik, in: derselbe: Politische Schriften und Reden. Darmstadt 1958, S. 280-298

Merklein, Renate: Ordnungspolitische Verwahrlosung am Beispiel des Gesundheitswesens; in: Forum Freiheit: Ist unser Wohlfahrtsstaat noch reformierbar? Bonn 1997, S. 28-39

Milz, Hubert: Gewaltenteilung als Verfassungsprinzip; Bonner Impulsvortrag vom 18.04.2012; https://forum-freie-gesellschaft.de.www276.your-server.de/wp-content/uploads/2016/01/ FFG_Analyse_H.Milz_Gewaltenteilung.pdf

Milz, Hubert: Veranstaltungsbericht. Die achte Internationale Gottfried-von-Haberler-Konferenz in Vaduz Konferenzthema: Das Ende des Rechtsstaates; https://ef-magazin.de/2012/07/18/3607-

veranstaltungsbericht-die-achte-internationale-
gottfried-von-haberler-konferenz-in-vaduz

Mises, Ludwig von: Die Gemeinwirtschaft. München 1981; Nachdruck der 2. Auflage, Jena 1922

Mises, Ludwig von: Die Wurzeln des Antikapitalismus. Frankfurt/M., 2. Auflage 1979

Mises, Ludwig von: Im Namen des Staates. Stuttgart 1978

Mises, Ludwig: Theorie des Geldes und der Umlaufsmittel. Berlin 2005, unveränderter Nachdruck der 2., neubearbeiteten Auflage von 1924

Mises, Ludwig von: Vom Wert der besseren Ideen. Stuttgart 1983

Moeller van den Bruck, Arthur: Das dritte Reich. Hamburg 1931, 3. Auflage

Mohler, Armin: Das Gespräch: Über Linke, Rechte und Langeweiler. Dresden 2001

Mohler, Armin: Die Konservative Revolution in Deutschland 1918-1932. Ein Handbuch (2 Bände). (Bd. 1 Hauptband, Bd. 2 Ergänzungsband), Darmstadt 1989, 3.

Auflage der um einen Ergänzungsband erweiterten Erstauflage von 1950

Müller, Ingo: Furchtbare Juristen. Die unbewältigte Vergangenheit unserer Justiz. München 1987

Muthesius, Volkmar: Augenzeuge von drei Inflationen Frankfurt/M. 1973, 2. Auflage

Nawroth, Egon Edgar: Die Sozial- und Wirtschaftsphilosophie des Neoliberalismus. Heidelberg 1963, 2. Auflage

Neubacher, Alexander: Total beschränkt. München 2014

Neumark, Fritz: Erinnerungen an Wilhelm Röpke; in Ludwig-Erhard-Stiftung Bonn (Hg.): Wilhelm Röpke. Beiträge zu seinem Leben und Werk. Stuttgart 1980, S. 7-21

Nipperdey, Wolfgang: Deutsche Geschichte 1800-1866. München 1983

Novak, Michael: Die katholische Ethik und der Geist des Kapitalismus. Trier 1998, 2. Auflage

Oschina, Susanne: Die Entwicklung des Vereins für Socialpolitik von seiner Gründung bis 1980; https://www.socialpolitik.de/sites/default/files/2021-

05/Masterarbeit_zur_Geschichte_des_VfS_S.Oschina.p
df

o. V.: In Memoriam Wilhelm Röpke. Marburg 1968

Palko, Vladimir: Die Löwen kommen: Warum Europa und Amerika auf eine neue Tyrannei zusteuern. Kißlegg 2014

Peukert, Helge: Das sozialökonomische Werk Wilhelm Röpkes, Frankfurt/M. 1992

Peukert, Helge: Röpke, Wilhelm; in: Neue Deutsche Biographie 21 (2003), S. 734-735 [Online-Version]; URL: https://www.deutsche-biographie.de/pnd118601989.h tml#ndbcontent

Peukert, Helge: Wilhelm Röpke (1899-1966); in: Conze, Eckart u. a. (Hg): Wilhelm Röpke, Wissenschaftler und Homo politicus zwischen Marburg, Exil und Nachkriegszeit. Marburg 2017, S. 13-26

Philosophie Perennis Redaktion: „Damnatio memoriae": Uni-Professor wegen Thesen zu Flüchtlingsunterbringung kaltgestellt; https://philosophia-perennis.com/2019/03/27/damna tio-memoriae-uni-professor-wegen-thesen-zu-fluechtlingsunterbringung-kaltgestellt/

Pieper, Josef: Über das christliche Menschenbild. Freiburg 1995

Plickert, Philip: Wandlungen des Neoliberalismus. Stuttgart 2008

Plöger, M. Frederik: Soziologie in totalitären Zeiten: Zu Leben und Werk von Ernst Wilhelm Eschmann (1904-1987). Münster 2007

Pressemeldung des Christoferuswerks; https://ef-magazin.de/2009/08/08/1405-karlsruher-skandal-urteil--auf-dem-weg-in-eine-staatliche-erziehungsdiktatur

Prollius, Michael von: Das Wirtschaftssystem der Nationalsozialisten 1933 – 1939. Paderborn 2003

Prollius, Michael von: Die Pervertierung der Marktwirtschaft. München 2009

Prollius, Michael von: Ist die deutsche Wirtschaftspolitik richtig?; https://forum-freie-gesellschaft.de/ist-die-deutsche-wirtschaftspolitik-richtig/

Prollius, Michael von: Wilhelm Röpke. Deutscher Nationalökonom und Sozialphilosoph (1899-1966);

https://forum-freie-gesellschaft.de/wp-content/uploads/2025/01/FFG_Paper_250105_Wilhelm-Roepke-Portrait.pdf

Prollius, Michael von: Wirtschaftsfaschismus. Norderstedt 2024

Prollius, Michael von: Wirtschaftswissenschaften. Norderstedt 2025

Puschner, Uwe und Großmann, G. Ulrich (Hg).: Völkisch und national. Zur Aktualität alter Denkmuster im 21. Jahrhundert. Darmstadt 2009

Radnitzky, Gerard: Das verdammte 20. Jahrhundert: Erinnerungen und Refl exionen eines politisch Unkorrekten. Zürich 2006

Rahner, Hugo: Abendländische Kirchenfreiheit. Benziger Verlag. 1943.

Renner, Andreas: Jenseits von Kommunitarismus und Neoliberalismus. Grafschaft 2002

Rhonheimer, Martin: Barmherzigkeit schafft keinen Wohlstand;
https://www.faz.net/aktuell/wirtschaft/wirtschaftspo

litik/martin-rhonheimer-istpriester-und-neoliberal-
14873611.html

Rhonheimer, Martin: Der Liberale ist kein Relativist,
sondern ringt mit der Wahrheit. Er ist hart in der Sache,
aber respektvoll gegenüber der Freiheit anderer;
https://www.nzz.ch/feuilleton/dem-liberalen-sind-
toleranz-und-gleichgueltigkeit-zweierlei-dinge-
ld.1450047

Rhonheimer, Martin: Soziale Marktwirtschaft – ein
deutscher Mythos; in: Die Tagespost vom 25.02.2017, S.
14;
https://austrian-institute.org/wp-content/uploads/20
17/03/Soziale-Marktwirtschaft-ein-deutscher-Mythos-
DT-25.2.2017.pdf

Rhonheimer, Martin: Sozialpolitische Dogmen
verbauen die Zukunft; in: Die Tagespost vom vom
25.03.2017, S. 7; https://austrian-institute.org/wp-
content/uploads/2017/03/Sozialpolitische-Dogmen-
verbauen-Zukunft.pdf

Rhonheimer, Martin: Welche Politik sozial ist, kann
nicht die Bibel entscheiden; https://austrian-
institute.org/de/blog/welche-politik-sozial-ist-kann-
nicht-die-bibel-entscheiden/

Rhonheimer, Martin: Wie entsteht Wohlstand?; in: Die Tagespost vom 11.03.2017, S. 7; https://austrian-institute.org/wp-content/uploads/2017/03/Wie-entsteht-Wohlstand-DT-10.3.1017-S.-7.pdf

Ringer, Fritz K.: Die Gelehrten. Der Niedergang der deutschen Mandarine 1890-1933. Stuttgart 1983

Röpke, Eva (Hg.): Wilhelm Röpke Briefe. Der innere Kompass 1934-1966. Zürich 1976

Röpke, Wilhelm: Civitas Humana. Bern 1979, 4. Auflage

Röpke, Wilhelm: Das Dilemma der importierten Infl ation; in: Albert Hunold (Hg.): Gegen die Brandung. Erlenbach-Zürich 1959, S. 291-306

Röpke, Wilhelm: Das Kulturideal des Liberalismus. Frankfurt/M. 1947

Röpke, Wilhelm: Das «Zeitalter der Tyrannis»; in: Albert Hunold (Hg.): Gegen die Brandung. Erlenbach-Zürich 1959, S. 114-136

Röpke, Wilhelm: Der moderne Fiskalstaat; in: derselbe: Marktwirtschaft ist nicht genug. Waltrop 2009, S. 338-357

Röpke, Wilhelm: Der Platz der Zentralbank; in: Albert Hunold (Hg.): Gegen die Brandung. Erlenbach-Zürich 1959, S. 282-286

Röpke, Wilhelm: Der Weg des Unheils; in: derselbe: Marktwirtschaft ist nicht genug. Waltrop 2009, S. 39-44

Röpke, Wilhelm: Der Westen – seine Idee und seine Wirklichkeit; in: derselbe: Marktwirtschaft ist nicht genug. Waltrop 2009, S. 400-412

Röpke, Wilhelm: Die deutsche Frage. Erlenbach-Zürich 1945, 2. vermehrte Auflage

Röpke, Wilhelm: Die derzeitige Geld- und Finanzkrisis; in: derselbe: Marktwirtschaft ist nicht genug. Waltrop 2009, S. 47-66

Röpke, Wilhelm: Die Erziehung zur wirtschaftlichen Freiheit und die großen Entscheidungen der Gegenwart; in: derselbe: Marktwirtschaft ist nicht genug. Waltrop 2009, S. 326-337

Röpke, Wilhelm: Die Gesellschaftskrisis der Gegenwart. Bern 1979, 6. Auflage

Röpke, Wilhelm: Die Intellektuellen und der Kapitalismus; in: Albert Hunold (Hg.): Gegen die Brandung. Erlenbach-Zürich 1959, S. 87-107

Röpke Wilhelm: Die Katastrophensüchtigen; in: derselbe: Marktwirtschaft ist nicht genug. Waltrop 2009, S. 45-46

Röpke, Wilhelm: Die Krise des Kollektivismus. Erlenbach-Zürich 1947

Röpke, Wilhelm: Die Lehre von der Wirtschaft. Bern 1979, 12. Auflage

Röpke, Wilhelm: Die politische Ökonomie. Was heißt „politisch unmöglich"?; in: derselbe: Marktwirtschaft ist nicht genug. Waltrop 2009, S. 315-325

Röpke, Wilhelm: Die säkulare Bedeutung der Weltkrisis; in: derselbe: Wirrnis und Wahrheit: Ausgewählte Aufsätze. Erlenbach-Zürich 1962, S. 71-105

Röpke, Wilhelm: Einführung, Lippmann, Walter: Die Gesellschaft freier Menschen. Bern 1945

Röpke, Wilhelm: Epochenwechsel?; in: derselbe: Wirrnis und Wahrheit: Ausgewählte Aufsätze. Erlenbach-Zürich 1962, S. 105-124

Röpke, Wilhelm: Ethik und Wirtschaftsleben; in: derselbe: Marktwirtschaft ist nicht genug. Waltrop 2009, S. 270-288

Röpke, Wilhelm: Europa – Einheit in der Vielheit; in: derselbe: Marktwirtschaft ist nicht genug. Waltrop 2009, S. 235-249

Röpke, Wilhelm: Gemeinsamer Markt und Freihandelszone; in: derselbe: Wort und Wirkung. 1964, S. 114-135

Röpke, Wilhelm: Grabrede auf Walter Troeltsch; in: derselbe: Marktwirtschaft ist nicht genug. Waltrop 2009, S. 37-38

Röpke, Wilhelm: Grundfragen der Europäischen Wirtschaftsunion; in: derselbe: Marktwirtschaft ist nicht genug. Waltrop 2009, S. 215-223

Röpke, Wilhelm: Internationale Ordnung – heute. Bern 1979, 3. Auflage

Röpke Wilhelm: Irrwege des Rationalismus; in: derselbe: Marktwirtschaft ist nicht genug. Waltrop 2009, S. 83-102

Röpke, Wilhelm: Ist die deutsche Wirtschaftspolitik richtig? Analyse und Kritik. Stuttgart und Köln 1950

Röpke Wilhelm: Ist die deutsche Wirtschaftspolitik richtig? Analyse und Kritik; in: derselbe: Marktwirtschaft ist nicht genug. Waltrop 2009, S. 187-199

Röpke, Wilhelm: Jenseits von Angebot und Nachfrage. Bern 1979, 5. Auflage

Röpke, Wilhelm: Jenseits von Angebot und Nachfrage. Die Marktwirtschaft ist nicht alles; in: derselbe: Marktwirtschaft ist nicht genug. Waltrop 2009, S. 289-314

Röpke, Wilhelm: Kollektivistische und marktwirtschaft-liche Austerity; in: Albert Hunold (Hg.): Gegen die Brandung. Erlenbach-Zürich 1959, S 246-256

Röpke, Wilhelm: Marktwirtschaft ist nicht genug; in: derselbe: Wort und Wirkung. 1964, S. 136-154

Röpke, Wilhelm: Marktwirtschaft ist nicht genug. Gesammelte Aufsätze. Waltrop 2009

Röpke, Wilhelm: Maß und Mitte. Zürich 1950

Röpke, Wilhelm: Nationalsozialisten als Feinde der Bauern; in: Albert Hunold (Hg.): Gegen die Brandung. Erlenbach-Zürich 1959, S 84-86

Röpke, Wilhelm: Torheiten der Zeit. Nürnberg 1966

Röpke, Wilhelm: Wider den Bildungsjakobinismus. Heroldsberg 1979

Röpke, Wilhelm: Wirrnis und Wahrheit: Ausgewählte Aufsätze. Erlenbach-Zürich 1962

Röpke, Wilhelm: Zu spät und nicht zu spät. Europa als geistige, politische und wirtschaftliche Aufgabe; in: derselbe: Marktwirtschaft ist nicht genug. Waltrop 2009, S. 224-234

Rüstow, Alexander: Glückwunschadresse zu Wilhelm Röpkes sechzigstem Geburtstag; in Albert Hunold (Hg.): Gegen die Brandung. Erlenbach-Zürich 1959, S. 33-38

Rothbard, Murray N.: Der Verrat an der amerikanischen Rechten. Grevenbroich 2017

Schallenberg, Peter: Barmherzigkeit schafft Wohlstand; in: Die Tagespost vom 18.02.2017, S. 14; https://austrian-institute.org/wp-content/uploads/20

17/03/Schallenberg-Barmherzigkeit-schafft-Wohlstand-Tagespost.pdf

Schmitt, Carl: Der Führer schützt das Recht; in: Deutsche Juristen-Zeitung, 39. Jahrgang, Heft 15, Berlin 1934, Sp. 945-950 (https://www.flechsig.biz/DJZ34_CS.pdf)

Schmölders, Günter: Der Wohlfahrtsstaat am Ende. Adam Riese schlägt zurück. München 1983

Schoeck, Helmut: Das Recht auf Ungleichheit. München 1982

Schoeck, Helmut: Der Neid. Die Urgeschichte des Bösen. München 1980

Schoeck, Helmut: Kinderverstörung: Die missbrauchte Kindheit. Umschulung auf eine andere Republik. Asendorf 1989

Schoeck, Helmut: Schülermanipulation. Wie man unseren Kindern das „richtige Bewußtsein" beibringt. Aufklärung für Eltern und Erzieher. Freiburg 1976

Schüßlburner, Josef: Roter, brauner und grüner Sozialismus. Grevenbroich 2008

Schieder, Theodor: Droysen, Johann Gustav; in: Neue Deutsche Biographie 4 (1959), S. 135-137 [Online-Version]; URL: https://www.deutsche-biographie.de/pnd11852755X.html#ndbcontent

Schulte, Elisabeth, Korn, Evelyn und Müller, Tobias: Wilhelm Röpke, der Ökonom; in: Conze, Eckart u. a. (Hg): Wilhelm Röpke, Wissenschaftler und Homo politicus zwischen Marburg, Exil und Nachkriegszeit. Marburg 2017, S. 71-93

Schumann, Harald: Die Globalisierung. „Revolution des Kapitals"; in: Der Spiegel, Heft 25/1999, S. 121-137

Schwarz, Gerhard: Empörend, altmodisch und doch modern;
https://www.nzz.ch/wirtschaft/wirtschaftspolitik/wilhelm-roepkes-liberale-mitte-empoerend-altmodisch-und-doch-modern-ld.13591

Schwarz, Gerhard: Müssen Liberale optimistisch sein?;
https://www.nzz.ch/feuilleton/muessen-liberale-optimistischsein-ld.1450262

Schwarz, Moritz: Interview: „Man hat mich im Stich gelassen"; in: Junge Freiheit Nr. 12/19 vom 15.03.2019, S. 3

Schwarz, Peter: Julius Tandler. Zwischen Humanismus und Eugenik. Wien 2017

Schweizer, Joerg E.: Zu Biographie und Werk von Wilhelm Röpke. Oder: Die brennende Krise der Gegenwart. München 2010

Skwiercz, Sylvia Hanna: Der Dritte Weg im Denken Wilhelm Röpkes. Würzburg 1988

Smith, Adam: Der Wohlstand der Nationen. München 1978

Smith, Adam: Theorie der ethischen Gefühle. Hamburg 1977

Sontheimer, Kurt: Der Tatkreis; in: Vierteljahreshefte für Zeitgeschichte, Heft Juli, München 1959, S. 249-260

Sozialenzyklika: Rerum novarum von 1891; https://kathpedia.com/index.php?title=Rerum_novarum_(Wortlaut)

Sozialenzyklika: Quadragesimo anno von 1931; https://www.kathpedia.com/index.php?title=Quadragesimo_anno_(Wortlaut)

Sozialenzyklika: Centesimus annus von 1991; https://www.kathpedia.com/index.php?title=Centesimus_annus_(Wortlaut)

Spaemann, Robert: Der Ursprung der Soziologie aus dem Geist der Restauration. Stuttgart 1998 (Nachdruck der 1. Auflage von 1959)

Spöttel, Michael: Max Weber und die jüdische Ethik, Frankfurt/M. 1997

„Sportpalastskandal"; https://de.evangelischer-widerstand.de/html/view.php?type=dokument&id=18

Taghizadegan, Rahim: Linke & Rechte: Ein ideengeschichtlicher Kompass für die ideologischen Minenfelder der Neuzeit. Wien 2017

Tofall, Norbert F.: Deutschland nach den Landtagswahlen - Nationalisten und Anti-Kapitalisten weiter auf dem Vormarsch; https://www.flossbachvonstorch-researchinstitute.com/de/kommentare/detail/deutschland-nach-den-landtagswahlen-nationalisten-und-anti-kapitalisten-weiter-auf-dem-vormarsch

Tofall, Norbert F.: Die Korrosion der westlichen Wertegemeinschaft;

https://austrian-institute.org/de/blog/die-korrosion-der-westlichen-wertegemeinschaft-folgen-fuer-den-internationalen-finanzkapitalismus/

Tofall, Norbert F.: Keine Erneuerung Europas, kein Ende der ökonomischen und politischen Problemverschleppung; https://www.tichyseinblick.de/meinungen/keine-erneuerung-europas-kein-ende-der-oekonomischen-und-politischen-problemverschleppung/

Umweltenzyklika: Laudato si', mi' Signore 2015; https://kathpedia.com/index.php?title=Laudato_si_(Wortlaut)

Utz, Arthur F. (Hg.): Die katholische Soziallehre und die Wirtschaftsordnung. Trier 1991

Vallentin, Rudolf: Wilhelm von Humboldts Bildungs- und Erziehungskonzept. München und Mering 1999

Vaubel, Roland u. a.: Europa, gerne. EU, nein danke!; in: Schweizer Monatshefte, Heft 965, https://www.e-periodica.ch/cntmng?pid=smh-002:2008:88::1043

Walter, Norbert (Hg.): Was würde Erhard heute tun? Wirtschaftspolitische Problemlösungen. Stuttgart 1986

Warneke, Sara: Die europäische Wirtschaftsintegration aus der Perspektive Wilhelm Röpkes. Stuttgart 2013

Weber, Max: Wirtschaft und Gesellschaft – Grundriss der verstehenden Soziologie. Tübingen 1980

Weiler, J. H. H.: Ein christliches Europa. Salzburg 2004

Weiß, Volker: Moderne Antimoderne. Arthur Moeller van den Bruck und der Wandel des Konservatismus. Paderborn 2012

Willgerodt, Hans: Dokumentation; in: Böhm, Franz u. a. (Hg.): Ordo, Jahrbuch für die Ordnung von Wirtschaft und Gesellschaft, Band 16, Düsseldorf und München 1966, S. 355-367

Zitelmann, Rainer: Die Gesellschaft und ihre Reichen: Vorurteile über eine beneidete Minderheit. München 2019